中华优秀传统文化大众化系列读物

山东省委宣传部　组编

正　心

——传统文化与人格养成

赵　薇　王汉苗　著

中华书局　齐鲁书社

图书在版编目(CIP)数据

正心:传统文化与人格养成/赵薇,王汉苗著. —北京:中华书局,2018.9
(中华优秀传统文化大众化系列读物)
ISBN 978-7-101-13414-8

Ⅰ.正… Ⅱ.①赵…②王… Ⅲ.品德教育-中国-通俗读物
Ⅳ.D648-49

中国版本图书馆 CIP 数据核字(2018)第 201857 号

书　　名	正心——传统文化与人格养成
著　　者	赵　薇　王汉苗
丛 书 名	中华优秀传统文化大众化系列读物
责任编辑	申作宏　傅　可
出版发行	中华书局
	(北京市丰台区太平桥西里 38 号　100073)
	http://www.zhbc.com.cn
	E-mail:zhbc@zhbc.com.cn
印　　刷	北京瑞古冠中印刷厂
版　　次	2018 年 9 月北京第 1 版
	2018 年 9 月北京第 1 次印刷
规　　格	开本/710×1000 毫米　1/16
	印张 14¾　插页 2　字数 150 千字
印　　数	1-2500 册
国际书号	ISBN 978-7-101-13414-8
定　　价	68.00 元

目　录

序　一

　　谈论人格的养成离不开传统文化,儒、道两家所谓的"修身",即有关人格的养成。"修身"一词在《周易》《礼记·大学》《礼记·中庸》《庄子》《荀子》等先秦典籍中都有出现。"修身"包含磨砺和培养人格之意,目的在于正人心,培养人的生命品质,塑造完全之人格,其实质是一种人格养成教育。

　　社会学家认为文化传统有大传统和小传统之分,但无论是大传统还是小传统,都充满了人文情怀。大传统是指经典的传承,通过学习经典,明白道理,改变自我。《庄子·齐物论》中说"恢恑憰怪,道通为一",人、物是千差万别的,都有其殊异性,但是主体之间都可以互为主体,可以相互汇通,用瞿鹊子和长梧子的对话来讲就是"相尊相蕴"。我们在保持个性的同时,还要学会相互尊重、相互蕴含。每个主体都有他的理由、他的主张和意见,都有他的可取之处。《庄子·齐物论》讲:"物固有所然,物固有所可。无物不然,无物不可。"庄子提示了群己关系的重要性。作为一个社会人,既要尊重个性,又要相互涵容,要能"合群"。

　　小传统旨在透过教育、礼俗了解尊尊亲亲的伦常传统。这种充满人文情怀的文化记忆,渗透到每一个家庭中,春风化雨、润物无声地影响着每个人人格的形成。儒、道两家不约而同地重视"孝"的观念。《老子》说

"孝慈"，《论语》讲"孝悌"，并以"敬"提示孝的内涵。《庄子·天运》更说："以敬孝易，以爱孝难；以爱孝易，以忘亲难；忘亲易，使亲忘我难。"最高的孝是不让父母为子女牵挂、担忧。除此之外，艺术的情趣也关系着人格的养成。儒家常言的礼、乐、射、御、书、数，笼统地讲都是艺。艺是一个具体的操作行为，"游于艺"的情境是为了修养我们的身心。一个人的审美趣味，是他内心情感的反映，我们甚至可以由此观察他的品性。艺术旨在陶冶人的心性，不应仅仅沦为技艺或是玩物。孔子说："志于道，据于德，依于仁，游于艺。"（《论语·述而》）艺术承载了修养身心、完善人格的根本任务。

传承和弘扬中华优秀传统文化，既需要深入细致的学理研究，也需要大众化的普及，从而在人们心中积聚力量。中国千百年来的学问不单是书斋里的学问，更是经世致用的学问。司马迁讲"究天人之际，通古今之变"，"究天人之际"探讨的是人与天、人与大自然之间的关系；"通古今之变"则旨在了解人类发展的历程，并于其间发现、把握规律性问题，然后"推天道以明人事"，从而了解怎样做人，人与人之间如何和谐相处，社会秩序如何才能安定等一系列问题。

我与赵薇多次谈到道家、儒家培养、化育人格和心性的话题。2015年的厦门筼筜书院会议，传统文化与人格养成是其中的一个重要议题，针对这个问题，我们进行了专门探讨。她的《正心——传统文化与人格养成》一书，正是一本通俗化、大众化的人格养成读物。书中用通俗易懂的语言，解读了传统文化中正心修身的学问。

这本《正心——传统文化与人格养成》，以正心为主线，且贯穿始终，谈到八德是人格养成的八大支柱，以教正心是塑造人格的途径，四个步骤是人格养成的方法，三层境界是人格养成的目标。书稿以这五部分构成，每个主题之下汇集了历代圣贤的教导，穿插着耐人寻味的小故事，更显通俗易懂、易于理解。我认为，这种写作方法为推广、普及传统文化找到了一种有效的方式。对此书本人特予推许，是为序。

陈鼓应

序　二

　　我以为，中国儒家哲学最重要的内容，可以用三个字来概括，就是：天、理、心。唐代以前的哲学主要是关于"天"的哲学，"天"既是天神之"天"，也是本体之天，又是自然之天。这时学问的最高境界是"究天人之际"。宋代以后，"二程"、朱熹的哲学主要是关于"理"的哲学，"理"既是本体之理，也是事物规律之理，又是社会伦常之理。南宋陆九渊创立了心学，心学经杨简到明代的王阳明发展到顶峰。先秦孟子虽然也讨论过"心"的概念，但在当时并未形成一种被称为"心学"的专门学问。心学家的一个基本观念是，只有"心"才是最重要的概念，若无"心"，便无从认识"天"和"理"。人的心量广大，"天"和"理"并不外于吾心，所以陆九渊说："宇宙便是吾心，吾心即是宇宙。"

　　古人所说的"心"指的是思维器官。在今人看来，它实际对应的是人的大脑。它是大自然经千百万年创造、进化的最复杂奇妙的杰作。如今高度发展的科学，可以使人类聆听宇宙间百亿光年以上的信号，可以探究小到夸克级的物体。但是关于人的大脑活动机理的研究，相对而言却非常落后。这主要是因为，我们不能通过解剖的方式来研究大脑的活动机理，解剖了大脑很可能会破坏大脑；即使以外部电子测试的方式研究大脑，也会干扰大脑的正常活动。

实际上，我们对大脑活动机理的认知，反而是依靠传统的反观内省、哲学推理的方法来进行的。在这方面，宋明理学家其实做出了巨大的贡献。前辈学者刘师培不是以哲学来定义理学，而是认为理学是"伦理学加心理学"，是很有见地的。

先秦儒家乃至宋明理学家对于"心"（大脑）的研究，创立了许多范畴，比如"心"，这是一个思维器官的统体概念；"性"是关于人与生俱来的本质属性（孟子及宋明理学家认为是仁、义、礼、智）的概念；"情"，包括喜、怒、哀、乐、爱、恶等情感和情绪；"欲"，包括富贵利达的欲求，以及生理欲求、嗜欲等；"志"，指志向、志愿等；"意"，既包括"主意"等确定的意向，也包括一闪即逝、不确定的"意念"等；"知"，则表现为大脑分析、综合的认识能力。所有这些范畴，都反映为人"心"（大脑）的不同侧面，而学人正是通过这些范畴来认识"心"的。

人的大脑有一个特点，就是一个意念接着一个意念，念念相续。人若停留在某种烦恼、焦虑的念头上过不去，那便形成"抑郁症"等病态心理。佛教、道教教人调"心"，甚至教人"禅定"，尝试改变人的念念相续的状态，而提出"一念代万念"，乃至"空空""无念"等修持功夫。

总之，关于"心"，可以做认知学研究，也可以做心理学研究、脑科学研究、病理学研究等，换言之，"正心"的学问是很多学科的交叉研究，涉及哲学、心理学、脑科学、病理学等，应该属于学术研究的前沿领域。如何重视这个问题，把它变成一种当代人可以操作的方法、手段，并成为一套科学的体系，是今后很多学科的学者共同努力的方向。有鉴于此，关于"正心"的学问不可能只专守一家的学说，各家的资料都应参考和采用。

现代社会，无论是哪个行业，竞争都非常激烈，个人的愿望与现实往往落差很大,这导致了很多心理问题的产生,由此形成了现代人严重的社会病现象。如何对其加以解决,也存在一个"正心"的理论和方法问题。这个问题出现的这样突然,以至于我们没有一套现成的理论和办法可以有效应用。

传统的"正心"学问,所针对的对象主要是热衷于功利而在现实社会中失败的知识阶层。佛教、道教教人出世,淡薄名利。儒学教人"学圣人",设置了最高的人格理想。现代社会这些理论已经分崩离析,如何充分利用传统文化资源,重建一套适合现代社会的"正心"学问,正是我们要尝试做的。本书在倡导"正心"学问之时,继承了传统儒学"学圣人"的人格理想,但其所谓的"圣人"已经不是那种"不食人间烟火"、遥不可及的半神人物。王阳明曾说"满街都是圣人",圣人就在人民大众中。

在本书中,"圣人"是一种符号,他就是"一个高尚的人,一个纯粹的人,一个有道德的人,一个脱离了低级趣味的人,一个有益于人民的人",做到这些,他就是"圣人"。这样的"圣人"并非没有,他往往就在我们身边,是我们学习的榜样。

虽然现代社会很需要"正心"这门学问,但学术界并没有提供这样的成果。在我看来,赵薇、王汉苣的这部《正心——传统文化与人格养成》,是原创,是首创,也是草创。原创,是说它旁征博引,而无所依傍;首创,是说在此书之前,还没有同类的论文和书籍;草创,陆九渊曾说"草创未为光明",此书难免有一些不尽如人意的地方,相信不久的将来,这门学问会大放光彩。

姜广辉

绪论：正心是此生必修课

　　《正心——传统文化与人格养成》一书编写的初衷是希望能引起更多人，特别是青少年群体对中华优秀传统文化的关注，进而增强对中华优秀传统文化的了解与学习，自觉地承担起传承、发展中华优秀传统文化的使命。对于身处全球一体化进程中的当代中国人，在与国际接轨、积极学习西方先进文化的同时，也要自觉树立起一种文化的主体意识，保持高度的文化自觉，以史为鉴，以天为则，正心修身，家国天下。保有民族文化特色，铸就国人生命底色，在世界多元文化激荡中，练就站稳脚跟的定力，立足本心，不被五光十色的外来文化所迷惑，这是一个名副其实的现代中国人的根本。

　　人格作为一个多学科共同关心的话题，在伦理学、教育心理学、法学、社会学领域都有对它的不同定义。在伦理学领域，人格通常指人的道德品质，人格是人区别于动物所特有的品质与行为，相当于人的"品格"；在教育心理学领域，人格是人的心理面貌、个性心理特征的总和，接近于"人的性格"；在法学领域，人格则是一种权利、义务的全面资格，相当于"人的资格"；在社会学领域，人格是指人的尊严与价值，需要主动去维护和实现。虽然不同学科对"人格"的理解各有侧重，但基本上都是把人格当成人之所以为人的内在的、根本的规定性。

人格是一个人人品、气质、能力的综合反映和外在表现。"人格"一词是近代从日文引进过来的，而日文又是对英文"Personality"一词的翻译。英文"Personality"源于拉丁文"persona"，含有"面具"的意思。用来说明人作为社会人，需要扮演不同的社会角色，而不同的角色又有着不同的角色伦理，这就要求人的言行要与扮演的角色相符。

人格又是文化基因的高度凝聚和集中体现。不同的文化养成不同的人格。谈论中国人的人格养成离不开中华传统文化。在中国几千年的文化传统中，虽然没有"人格养成"这一提法，但就其所涉及的内容而言，则是古已有之。儒、道两家的"修身"基本接近于今天"人格养成"的说法。中华传统文化中的修身注重的是自我德行的提升。《礼记·大学》云："自天子以至于庶人，壹是皆以修身为本。"教给学生的是为人之道、为学之方。为人之道就是道德的教育、价值观的教育，这是第一位的，置于知识、技能的教育之上，是人之为人的根本。家庭、学校、社会、书院、文庙、祠堂等都是进行道德教育的场所。老师、官员、各行各业的精英都是人们学习的榜样。诸如："学高为师，身正为范。""政者，正也。子帅以正，孰敢不正？"（《论语·颜渊》）即便是知识技能的传授与教育，也是以问学为主。《礼记·学记》云："建国君民，教学为先。"启发学生发现问题、培养学生掌握和运用所学知识的能力，这就是为学之方。在中国传统的教育中，道德教育与知识教育是融为一体的，两者相辅相成。《论语》开篇就明确指出："弟子入则孝，出则弟，谨而信，泛爱众而亲仁，行有余力，则以学文。"古之教者，以"孝、悌、忠、信、礼、义、廉、耻"作为主要内容，从小培养孩子的道德之心，树立起正确的价值观，让学生能知本末、明善恶、辨是非、示训诫，目的是为了"正人心"，培养人中正无邪的道德品质，找到生命的立足点，以求"父子有亲，君臣有义，夫妇有别,长幼有序,朋友有信"(《孟子·滕文公上》),让其成为一个负责任的人。家庭和睦、社会和谐,人人互敬互爱,这是中国传统教育之根本。西方教育的传统是道德教育与知识教育分而治之。学校是注重知识与技能学习的地方,家庭、教堂是西方进行道德教育的主要场所。所以,教育与国际接轨先要结合本国的国情,突出本国文化的主体意识,不能一味地照搬照抄,盲目模仿西方的标准、教学体制以及教学内容。这是现代化教育与国际接轨时所不应该忽略的地方。

本书认为,人格的养成要从正心开始。先有善良之心,而后才有善良之行,才会有善良之人,才有人人为我、我为人人的良善社会。公民是社会的细胞,社会的良好状态取决于每一个公民道德的良好,也就是"大道在人心"。以儒学为代表的中华传统文化是为己之学、成德之教。为己之学是强调先培养塑造自己的道德心,用"正心"来唤醒良知,以自律来约束自己的行为,成为一个能自律、有道德的人。《荀子·修身》中说:"君子役物,小人役于物。"大意是说,君子能够控制物,小人则被物所控制。为了不断提升自我的德行,必须防止物欲的引诱和腐蚀,不能让人成为物欲的奴隶。而正心是修身的前提,《礼记·大学》中说:"欲修其身者,先正其心。"中华文化在关注人"身"的基础上,更重视"心"的作用。整个社会的良好秩序依赖于全体社会成员的道德自律。正心的学问不仅仅是人格养成的学问,也是社会治理的学问。道德是社会治理得以开展的前提,良好的社会环境来自于社会成员道德心的养成,心正而身修,身修而后家齐,家齐而后国治,国治而后天下平。可以说,心意的端正,是解决各类社会问题的基础。

"立德之本,莫尚乎正心。"(《傅子·正心》)在道德养成中,"正心"居于枢要的地位,起着起承转合的作用。人格的养成为什么要从"正心"开始呢？联合国教科文组织总部大楼前的石碑上有这样一句话："战争起源于人之思想，故务须要于人之思想中筑起保卫和平之屏障。"说明思想是把人间变成天堂还是地狱的关键所在。以心为起点，从思想上筑起防线，正心正念，是防患于未然、自律修身、涵养品德、塑造人格的关键。究竟何谓"正心"？"正心"有没有什么好方法？目标如何设定？"正心"如何能涵养道德，养成人格？在中华传统文化中，有着完备的正心教育体系，实有必要从中华优秀传统文化中进行梳理，汲取资源，助力今天的人格养成教育。

在大力弘扬中华优秀传统文化的今天，首先应该重拾传统文化的价值，给予"正心"的学问以足够的重视，把"正心"摆上重要的议事日程。把中华传统文化的精髓——"正心"的学问挖掘出来，进行创造性的转换、现代化的诠释，作为提升道德、塑造人格、完善价值体系建设的根本，才能更好地解决经济全球化进程中，国民素质与经济发展步伐不协调等瓶颈问题，从根源上解决诸如诚信危机、道德滑坡、伦理乖舛等现象。这些现象看似互不搭界，但如果透过现象看本质，就会发现这些问题归根结底都是人的问题，皆涉及人的道德修养与人格养成，也就是人心正不正的问题。可见，"正心"的学问是中华优秀传统文化的精髓，是具有中国主体意识的人格养成的学问，是增强中国人文化自觉、文化自信的源头活水，可以为当代人的人格养成理论与实践提供有益的借鉴与启发。

《正心——传统文化与人格养成》一书中，"正心"这一主线贯穿人格养成的始终；八德是人格养成的支柱；诚意、慎独是内在的正心，以教正心是外在的正心；立志、好学、自省、笃行四个步骤是人格养成的方法；成人、成君子、成圣贤是人格养成的目标。书稿以这五部分构成，每个主题之下汇集了历代圣贤的教导、修身的精华，并穿插着发人深省、耐人寻味的小故事,力争深入浅出,钩玄提要,便于读者理解。

　　中华传统文化博大精深,书中所表达的不过是我们学习过程中的一些浅见和体验,是我们所窥见的古人思想世界里的浮光掠影而已,作者希望通过本书与大家分享"正心"的艺术。如果书中的某段话或某句话触动了您,激发了您了解中国圣贤之道和正心修身传统的兴趣,那此书就没有白写。当然,鉴于本人的能力和水平有限,书中的错误、疏漏、不当之处在所难免,在此敬请方家指正。

第一章　正心——人格养成的源头活水

　　人格的养成是人类的文化基因高度凝聚于个体后而集中体现的结果。人类的文化是多样的，不同的文化会养成不同的人格，中国人的人格养成当然离不开中国的传统文化。中国人人格的养成与美德的塑造，必须从中华优秀传统文化中汲取营养与智慧。中华传统文化历来重视人格的养成，这集中体现在对"学"这一观念的重视上。《论语》开篇即言："学而时习之，不亦说乎？"经由学习而成就自己，这是中国人的普遍认识。在童蒙读物中的"万般皆下品，惟有读书高"一句，更是给古人从小就在心灵扎下了要通过学习改变自己命运的根底。当然，这种说法现在看来有点偏颇，毕竟学习的内容千千万万，并不仅仅是读书就能涵盖的。但无论如何，其中体现的对"学"的重视，值得我们深思。学，《说文解字》训曰："觉悟也。"朱熹在《四书章句集注》中释曰："学之为言效也。"觉悟，是学习的主体经由苦学而觉悟；效，是学习的主体主动虚心地向先觉先知者效法。所以学习的根本在于学习的主体。那么学习的主体是什么呢？就是我们的心。因为心是人认识、行动和反思的器官与主体，所以学是心在学，而学的目标则是使我们的心产生积极的变化而逐渐完善。以儒家为主流的传统文化中，多把这样一种对心的改变与完善，称作"正心"。自尧舜以来，传统中国的教育者，皆以心为学习的主体,而以"仁、义、礼、智、信"等人伦道德教育为主要内容,以"止于至善"为目标,教人明明德、知善恶、辨是非、懂廉耻。其最终目的,就是"正心",即培养中正无邪的道德品质,以找到生命的立足点,从而过上心安理得、中正平和的幸福生活。

第一节　何谓心

徐复观先生在《心的文化》一文中指出:"中国文化最基本的特性,可以说是'心的文化'。……'心'是人生价值的根源,这是中华文化区别于其他民族所独有的特性。"①中国古人一直认为,人的一切思想、行为皆由心起,所以心在中国人的思想和生活中,起着重要的作用。因此,无论是以孔子、孟子为代表的儒家,还是以老子、庄子为代表的道

① 徐复观:《中国思想史论集》,台湾学生书局1993年版,第242页。

家，折或医家、兵家、法家等，都非常重视"心"。在他们看来，人心虽天然具有强大的认知力、丰富的感受力、准确的判断力、深刻的反思力等，但因为外在社会环境的不良影响、人体感官欲望的误导、自身年龄与经验阅历等的制约等，心不仅常常被遮蔽而不能正常发挥作用，甚至经常会产生错误的观念和结果。因此，必须对心进行修养。所以儒家讲"正心"、道家讲"静心"、佛家讲"明心"、中医讲"养心"，都把"心"作为养成人格、和谐身心、寻找幸福，乃至解决社会根本问题的源头和核心。

一、心有三义

中国古人认为，心具有三重含义：觉知、主宰和道德。

觉知之义，是心的第一个含义。所谓觉知，在传统中国有两层含义。第一层为"知"，即认知、认识，这是一种知识性的心。这种意义上的心，虽然也为人所重视，但并不特别突出。然而在西方哲学家那里，这成为他们最重视的心，尤其是近代以来的哲学，理性的认识之心可以说是西方哲学的核心。

第二层为"觉"，这是传统中国比较独特的一种观念。觉即觉悟，这里所谓的觉悟并不是政治觉悟、思想觉悟等当代含义，而是指古人对天地间至真、至大、至诚的大道的觉悟。这种觉悟，当然可以有宏阔的对宇宙生生不息的感悟，但很多时候其实是对精微之物所蕴含的道的体察。对此，宋明心学家有深入的阐发。对于"何谓心"这个问题，王阳明说"凡知觉处便是心"（《传习录》），此处之"心"，与第一层认识之心的内涵相去甚远。王阳明所指的这个心，是"如耳目之知视听，手足之知痛痒。此知觉便是心也"（《传习录》），也就是第二层的觉悟之心。在王阳明看来，世界再大，也需要通过心来感知，而心是人觉知这个世界，并与这个世界建立联系的唯一媒介和通道。陆九渊也说："四方上下曰宇，往古来今曰宙。宇宙便是吾心，吾心即是宇宙。"（《陆九渊集·杂著》）整个世界的存在和运行，其实都是要由心来感知的，否则它们便没有什么意义。因此"宇宙内事乃己分内事，己分内事乃宇宙内事"（《陆九渊集·年谱》）。从主观积极的层面看，心其实决定了人对待天地万物的态度、可能与结果，所以有的人的心可以容纳宇宙，有的人的心只能容下自己。正是在这个意义上，王阳明说："人者，天地万物之心也；心者，天地万物之主也。"（《王文成公全书·答季明德》）由此可见，中华传统文化中所说的"心"，绝不仅是认识意义上的心，而是觉悟意义上的心。由这个意义上的心，人可以超越个体而达到对天地万物的觉知。

　　心是一身之主宰，这是心的第二个含义。正因为人心能认识规律法则，能觉知天地之道，所以它能够也应当来主宰人。朱熹说："心，主宰之谓也。"（《朱子语类·性理二》）又说："一身之中，浑然自有个主宰者，心也。"（《朱子语类·论语二》）在中国古人看来，心是一身之主，它能够统御人身体的各个器官，如耳、目、鼻、舌、身等。宋明理学家则进一步认为，心不仅为一身之主宰，而且为万事万物之主宰。朱熹说："人心至灵，主宰万变，而非物所能宰。"（《朱子晚年全论》卷二《答潘权度》）又说："人心万事之主，走东走西，如何了得！"（《朱子语类·学六》）如何理解心为一身和万事万物的主宰呢？《传习录》中陆澄与王阳明的一段对话，可以让我们很好地理解这个问题：

　　　　陆澄问："主一之功，如读书则一心在读书上，接客则一心在接客上,可以为主一乎?"

先生曰:"好色则一心在好色上,好货则一心在好货上,可以为主一乎? 是所谓逐物,非主一也。主一是专主一个天理。"

从师徒二人的对话中,我们可以看出,读书、待客、好色、好货,都是对外物的一种喜爱,心在此,不能称之为主一,主一就是一心在天理上。即心为主宰就是要专注一个天理,也就是由心内在的、原来就有的良知、天理来做主,这就是心为一身之主宰。在宋明理学家的认识中,万事万物固然有其存在的客观性,但仅仅客观而不与人发生关系,则并不能产生真实的意义;只有真切地与人发生联系的事物才具有真实的意义,所以,心通过这种真切的关系对万事万物有主宰作用。就像王阳明南镇观花那个故事所表明的,万物当然客观存在,但是当人不出现的时候,并不能显现出它的意义来,而只有当人观花的时候,花的美艳才真实发生。也就是说,心的主宰不是统治性的主宰,而是觉知的、赋予意义与价值的主宰。

道德之义,是心的第三个含义。其实,这个含义正是从以上两个含义衍化来的,因为心能觉知道德、主宰身体,所以心具有道德判断力,而对人的道德行为负责。孟子云:"仁,人心也。"(《孟子·告子上》)又说:"恻隐之心,仁之端也;羞恶之心,义之端也;辞让之心,礼之端也;是非之心,智之端也。"(《孟子·公孙丑上》)恻隐之心、羞恶之心、辞让之心、是非之心被孟子称为"四端","四端"皆本心之发用,是天赋的道德,是仁义礼智的发端。如草木有本,而茎叶由此而生,人有此心,则具万理,孝悌忠恕,均由此发展而来。本心即道德之心,亦即孟子所谓的良知、良能,是人先天就具有的道德能力,是人内在的价值系统，也是人之为人的良知与底线。只要不断地扩充本心、自觉实践，就能实现道德修养的目标，正如孟子所云："尽其心者，知其性也；知其性，则知天矣。存其心，养其性，所以事天也。"（《孟子·尽心上》）孟子同时用否定的方式告诉人们："无恻隐之心，非人也；无羞恶之心，非人也；无辞让之心，非人也；无是非之心，非人也。"（《孟子·公孙丑上》）"人之所以异于禽兽者几希，庶民去之，君子存之。"（《孟子·离娄下》）人与禽兽之间的那一点差别就在于道德之心，而能否彰显内在的本心、良知、道德，则是君子和小人的差别。所以人应当扩充和发扬道德之心，如此则人人都可以趋向于尧舜，从而使成为圣人的可能性落实为不断趋近的现实性。彰显本心、良知，发用"四端"，人才能具有仁义礼智"四德"，而这离不开道德主体的道德自觉与实践。

综上所述，心具有三义，分别是觉知之义、一身之主宰之义和道德之义。所以，理解我们的心，找到我们的心，进而启动人心具的这些功能，就能使我们践行道德、把握自身、觉知大道。在这三种含义的心中，古人认为前两种心其实都要落实到道德之心上，所以通过"正心"来改善心，是古人对心理解的关键。而对于我们今天的人格养成来说，彰显"正心"所蕴含的对道德之心的重视，也是弘扬传统文化的一个重要方面，因为道德之心作为人内在的价值体系，是人生价值的根源，是确保人生的方向不出偏差的关键。

二、学之道在"心"

心既然具有觉知、主宰和道德三义，所以在中国古人看来，学之道的载体和完成者就是心。而对于这颗心，古人不是像现代人那样从生理学

心灵有家
生命才有路

的角度去理解,而是从哲学的角度去思索。这种思索的大背景,就是"天人合一"的思想。"天人合一"是中华传统文化的共识,其中老子的说法颇具代表性。老子云:"故道大,天大,地大,人亦大。域中有四大,而人居其一焉。"(《道德经》二十五章)在老子看来,具有心的人是宇宙"四大"之一。他又说:"人法地,地法天,天法道,道法自然。"(《道德经》二十五章)道、天、地、人组成了一个彼此作用的整体。那么,作为宇宙中的"一大",人如何才能更好地认识和效法这个自然而然的宇宙世界呢?

《周易》中讲:"观乎天文,以察时变;观乎人文,以化成天下。"(《周易·贲卦·象传》)古代圣贤从天上日月星辰周流不殆中,观察宇宙自然变化的规律;从人伦日用中"观物取象"、"类比取象",来达到对世界的具体和抽象的丰富认识。

由此,《周易·系辞上》云:"形而上者谓之道,形而下者谓之器。"

古人发现万事万物分为有形之先和有形之后两个阶段,前一个阶段是"道",后一个阶段是"器"。这里需要指出的是,中国的"形而上"和"形而下"并不同于西方"形而上学"的说法。西方"形而上学"中的"形而上"是彻底超绝和绝对理念化的,而中国哲学中的"形而上"则仅是超越形体和具体的,并不能说是纯粹理念化的。那么怎样才能通"道"达"器"或由"器"达"道"呢?其切入点是什么?徐复观先生说:"形而中者谓之心。"[①]心是打通形而上与形而下、道与器的关键与枢纽。心可以向上达"道",向下通"器",容纳万物。形而上者是经由人的觉知显现出来的,如果这个世界仅仅是只有动植物而无人类的世界,则形而上者根本不存在;形而下者是经由人的主宰才具有真实价值的,否则这世界就只是个物质材料的冷冰冰的世界,而不会有任何温度。所以心的作用正是形而上与形而下的枢纽,它的"中"不仅是中介,更是创造性的力量。因此,天人合一必须要落实在人心上,才是真正的天人合一;纯粹客观的天人合一,是缺乏活泼和具体意义的。而经由天人合一视野下的心,则不仅仅是一颗生理的心,而是一颗赋予万事万物价值与意义的心。也正因如此,为学要落实到心上。如此认识"心",在"心"上下功夫,就如同找到了按钮与关键。黄梨洲在《明儒学案序》中有言:"心无本体,功力所至,即其本体。"只要心的功夫到家,就能身临其境地体悟到孟子所说的"万物皆备于我"(《孟子·尽心上》)。陆九渊在年幼时,不理解"思天地何所穷际(而)不得"。当他十三岁时,读古书读到"宇宙"说"四方上下曰宇,往古来今曰宙",忽然省悟道:原来"无穷"便是如此,人与天地万物都在无穷之中,这才有了后来那句名言:"宇宙便是吾心,吾心即是宇宙。"

---

① 徐复观:《中国思想史论集》,上海书店出版社2004年版,第212页。

先圣留下的经典，指引着后人修身成道，只要勤而行之，终有一天会突然顿悟，豁然贯通。王阳明被贬龙场，在一个洞穴中潜心思考，忽然有一天大悟："始知圣人之道，吾性自足，向之求理于事物者误也。"（《王文成公全书·年谱一》）"龙场悟道"确立了王阳明一生学问的宗旨：心外无物，心外无理，心外无事。其实，早在《尚书·大禹谟》中就有关于圣人以心入道的记载：

人心惟危，道心惟微、惟精惟一，允执厥中。

相传这十六个字源于尧、舜、禹禅让的故事。当尧把帝位传给舜时，将"允执厥中"四字心法传给了舜，并谆谆嘱咐舜要用"中道"治国，管理好世道人心。中道是中国独具特色的、根本的实践原则。当舜传位于禹时，在"允执厥中"四个字之上，又加上了"人心惟危，道心惟微，惟精惟一"这十二个字。可以说，这十六个字是"盖自上古圣神继天立极，而道统之传有自来矣"（《中庸章句序》），是道学传承之关键。子思作《中庸》也是传承上古圣人的"道统"。"中"是"天地所以立"的内在依据，是宇宙间的基本原则。程子曰："不偏之谓中。……中者，天下之正道。""中"不仅可以作为帝王"治天下"的大纲，也是修身的关键。无论是儒家讲的"中庸"，还是道家讲的"守中"，佛家讲的"空中"，都是教导人们用"中道"为人处世。"中道"是中华文化的独特创造，足见其寓意深刻，意义非凡。而"中道"的根本就在于人心的不偏不倚、合时合宜。

朱熹言："人只有一个心，但知觉得道理底是道心，知觉得声色臭味底是人心。……道心、人心本只是一个物事，但所知觉不同。"（《朱子语类·尚书一》）心只是一个，它顺人身体，觉知到耳目之欲上去，就是人心;它虚灵明觉,觉知到义理上去,便是道心。人心、道心的差别就在于觉知的内容不同:觉知饥食渴饮等耳目口舌之欲望,则是人心;没有私欲掺杂的状态,则称为道心。所以,人心危而又危,道心微而愈微,要把持人心、彰显道心,需要通过后天格物、致知、正心、诚意等一系列的修养功夫来完成。这里需要指出的是,人心并不一定就是恶的,理学承认人自然欲望的正当性,但同时认为,这种欲望如果放任不管而任由其恣肆发展,便会趋向于恶,如由自然的好美色导致淫乱,由自然的恶恶嗅导致奢侈,所以人心是可能向恶的,而正是这种危险性,导致了必须要严格区分人心、道心。区分人心、道心,其最终目的是让道心做一身之主宰,正如王阳明所说:

人心之得其正者即道心,道心之失其正者即人心。(《传习录》)

道心是人原本就有的良知、良能,是道德之心,这个心虚明广大,无所不知。人心则是丧失了本来端正的道心,而让自然之心被私欲所遮蔽、暗而不明,从而成为一己私利之人心。人之一心,本自光明,但被后天各种过度的需求、私欲所遮蔽,所以暗而不明。如果任由欲望发展,就会以自我为中心,最后沦为欲望的奴隶而不自知。其实古人讲修行、修身,都是为了彰显、重现光明的本心、道德之心,是为了养得正念,由心入道。道在心中,一以贯之,所以要彰显道德之心,约束私心人欲。

让道心统驭人心,离不开"惟精惟一"的功夫。"惟精"是辨之明,"惟一"是持守不离、择善固执。"精"是动察的功夫,察识于心之已发,精明于心之发是本心良知还是物欲私心;而"一"则是静养的功夫,涵养于心之未发,守一于心的静默安然而使其不胡乱放纵。故"精"、"一"即静养动察的功夫。在道德实践上，道心与人心之间不能有任何的夹杂，两者必须加以精细区分。故"惟精"就是要能对道心与人心、天理与人欲精审之、明辨之；"惟一"就是要对天理、道心持守不二、择善固执。若能如此，即能达到复其本初之性的"允执厥中"的境界与状态。

"允执厥中"作为道德实践之原理，本是无形无相的，但它又无时无刻不体现于人的现实生活中。它的显现，首先是从人心切入，依赖人的道德实践而由形而上显化为形而下；其次是在具体的实践活动中，体现为"中庸"的合时、合地、合宜的行为；最后，这种行为会导致合乎道义的优良结果。所以这种"用中"之道，贯穿于公私两个领域。正如北宋著名史学家司马光所说，"允执厥中"不仅是帝王"治天下"之本，也是个人心性修养、治心之本。圣人传道必以心，圣学之道只是学此道理，故孔子云：

> 舜其大知也与！ 舜好问而好察迩言，隐恶而扬善；执其两端，用其中于民，其斯以为舜乎！（《礼记·中庸》）

舜好问、好察，隐恶而扬善，执两用中，用合宜的方式服务百姓，这是一种大智慧，也是舜之所以成为圣王的关键。从某种意义上说，社会问题、家庭问题归根结底都是人的问题，人的问题又是人心的问题。因为人的心思千变万化，其关键是用中道来把握好人心与道心之间的平衡。

上至尧、舜、禹、孔子、孟子，下至"二程"、朱熹、王阳明，皆以"心"为学。"学问之道无他，求其放心而已矣。"（《孟子·告子上》）找到本心、良知，就是成人之学问的根本，因为"心"正是沟通"道"、"器"的枢纽。

心苦,
人生苦海无边,
心甜,
世间处处曼妙田园。

丁酉七月 胡言乱语

三、圣人之学,心学也

"圣人之学,心学也。"(《陆九渊集》王守仁序)这是王阳明对传统成圣成贤学问的精要概括。在王阳明看来,一切事物都因人心而发生意义,所以学问的根本就在于心的学问。而"圣人之传道必以心"(《宋元学案·说斋学案》),心是道的载体与显现主体,所以学问之成立不是依靠别的什么,就是依靠此心。也就是说,正心的学问是自尧、舜、禹代代相传而来的圣人之学的根本。王阳明在讲学时曾语重心长地告诫学子:"务要立个必为圣人之心。"(《传习录》)立成圣成贤的心是为学的关键,如果不立成圣成贤的心,则只能浑浑噩噩度日,最终浪费此生。

在《传习录》中,徐爱对"圣凡之心"是这样描述的:"心犹镜也。圣人心如明镜,常人心如昏镜。"心犹如镜子,圣人心似明镜,能精微清明地照察一切；常人心似昏镜，不能清楚明白地照察内外。所以在传统文化中，如何使心恢复其本来的清明状态，是心之学问的关键。对此，儒、释、道皆有很多论述，无论是"明明德"、"致良知"、"涤除玄览"（《道德经》十章），还是"无听之以耳而听之以心"（《庄子·人间世》），都是让人来发现本心的。此"心"寂然不动、感而遂通，自性圆满、晶莹无滞，是觉察万象的主人。找到此"心"，让其重现光明，是传统教育中修身、修行的第一关。孔子说这个心"一以贯之"，从过去、现在到未来，始终是这个心；格物、致知、诚意、正心是这个心；修身、齐家、治国、平天下依然是这个心；这个心"须臾不离"、"不生不灭"、永恒当下；这个心"无为而无不为"（《道德经》三十七章）。它是德性修养、人格养成、"修齐治平"的本源与关键，所以，王阳明将从心念上为善去恶的过程，看作是"致良知"的步骤，并用四句话表示：

> 无善无恶是心之体，有善有恶是意之动，知善知恶是良知，为善去恶是格物。（《传习录》）

这四句话，是王阳明心学的最高概括，凝结了心学最精华的智慧。良知就是道，就是我们与生俱来的本心、道德之心、是非之心。良知的本体原本是纯洁无瑕的，因而从终极的意义上说它是无善恶之限定的；但这种无善恶一旦落实到现实，当然以善为更接近其本来面貌，而恶则越来越偏离其真相，所以要以善为根本。因此，找到了良知，守住了道德之心，就守住了心的根本，也就可以日益恢复人本来拥有的安宁、自由、完善。而要找到和持守本心，则需要对心下功夫，这功夫就是"正心"。

第二节　修身在正心

　　修身是中华传统文化中最重要的话题之一,它旨在通过个体自觉的修养过程来提升道德境界、完善道德人格,进而影响他人,奉献社会。修身即今天的人格养成。修身在于修心,这是因为,心者,人之舵也。心有定力,就不会为外力所移、所屈、所动,人之力量来自于心正意诚而达充沛,故修身先正心。正心有自律和他律两个方面,他律是通过外在的教化、约束来正心,自律是通过内在的自我约束来正心。儒家一贯以修身为本,注重以内在的自律来正心,并把"正心"作为修身之枢要。正心从端正自己的内心开始。

一、何谓正心

何谓正心？王夫之说正心就是持志，"志者，素所欲正之心"①。心之所志、所向者即为道。"正心"一词首先见于《礼记·大学》，是中华传统文化的精髓，是立德之本，人格养成之基。宋代理学家程颐说："（进修之术）莫先于正心诚意。"（《二程集·遗书》卷十八《伊川先生语四》）。朱熹称"正心"为"万世学者之准程"（《宋元学案补遗·晦翁学案补遗下》）。《傅子·正心篇》说："立德之本，莫尚乎正心。"《论语·颜渊》中说："政者，正也"，"其身正，不令而行；其身不正，虽令不从。"欲正人心，先正己心。正心是彰显人的良知、本心，从内心去纠偏的过程。

《礼记·大学》开宗明义讲：

> 大学之道，在明明德，在亲民，在止于至善。知止而后有定，定而后能静，静而后能安，安而后能虑，虑而后能得。物有本末，事有终始，知所先后，则近道矣。古之欲明明德于天下者，先治其国；欲治其国者，先齐其家；欲齐其家者，先修其身；欲修其身者，先正其心；欲正其心者，先诚其意；欲诚其意者，先致其知；致知在格物。物格而后知至，知至而后意诚，意诚而后心正，心正而后身修，身修而后家齐，家齐而后国治，国治而后天下平。

朱熹所提出的"三纲八目"，是非常重要的儒家人格修养理论。"三纲"即明明德、亲民、止于至善，这是儒家所要达到的理想境界；"八目"即格物、致知、诚意、正心、修身、齐家、治国、平天下，这是达到这一理想境界的步

---

① 〔清〕王夫之：《船山全书》（第4册）之《礼记章句》，《船山全书》编辑委员会编校，岳麓书社1988年版，第1313页。

骤和方法。由此可知,"三纲八目"是成就大人之学的目标与方法。

"明明德",就是使自己本有的善性彰显出来。儒家是相信人性本善的,所以儒家对成人之道的修习,关键不是向外求索,而是向内挖掘,是把道德本性开发、彰显出来。"亲民",朱熹认为亲就是"新",也就是经过努力把自己的德性彰显出来后,还要去影响民众,使民众的道德本性也得到开发,得到自新。对此,王阳明有不同认识,他认为亲就是亲,是亲近民众的意思,不可作"新"解。但无论如何,这一纲领都指向在完善自己后,还要去影响别人、完善他人。"止于至善",是说无论是"明明德"还是"亲民",都要达到至善的境界。

对于"格物、致知",历来儒家学者的解释差异很大,朱熹说格物致知就是即物穷理,就是穷尽天下事物的道理,而在其中获得一贯的道;王阳明说格物致知就是将自己的良知推扩到万事万物中去;颜元说格物致知就是通过不断地实践来获得使用事物的能力。"诚意、正心、修身",这三者都是讲道德的,指首先从意念上做到诚实不假,然后使自己的心念端正,进而使自己的行为符合道德。《礼记·大学》之所以对道德实践作如此细致的划分,在于它对人的道德心理有这样一个观察:人在进行一个行为的时候,首先要有一个最初的念头,跟着会有几个念头出来,于是人就要进行判断,并按照最后判断的结果采取行动。念头就是意,判断就是心,行为就是身。可见,在这个过程中,做判断,也就是"正心"是最重要的,它是在诸多的念头中做出正确的道德判断。"齐家、治国、平天下",就是把道德之心与行动推扩到身边的人、自己国家的人,乃至全天下的人,从而实现"达则兼济天下"。

可见,《礼记·大学》"八条目"中的"正心"颇为关键,"格物、致知、诚意"的目的是"正心","正心"是为了更好地"修身、齐家、治国、平天下"。找到了"正心"这个关键环节，就如同找到了穿起珠子的丝绳，"一以贯之"，就能将"修身、齐家、治国、平天下"的理想穿成一串美丽的珠链。

正心是指心念端正，不存私邪，不偏不倚，从而将心从外物与私欲中解脱出来，简单而纯粹，洒脱而无羁绊，达到身心一体、天人合一的境界。然而，随着经济的发展，许多人把最大限度地满足个人欲望当成是人生的目标，以占有更多的物质财富作为个人成功的标志。人类在获得空前物质财富和享受的同时，也体验到了精神匮乏所带来的空虚、孤独、焦虑和痛苦，以及诸如道德滑坡、功利主义思想泛滥所带来的一系列问题，而这一切问题的根源都是人心不能归正引起的。

本心除了容易被私欲所遮蔽外，愤怒、恐惧、好乐、忧患这四种情绪也能让心不得其正，《礼记·大学》的"正心章"中说：

> 身有所忿懥，则不得其正；有所恐惧，则不得其正；有所好乐，则不得其正；有所忧患，则不得其正。心不在焉，视而不见，听而不闻，食而不知其味。此谓修身在正其心。

《礼记·大学》为我们列出了四种使我们心灵不端正的情感：愤怒、恐惧、好乐和忧患。当我们产生这四种情感的时候，我们的判断常常是不正确的，也就是情感压过了正确的意念，使我们做出了错误的判断。因为愤怒会使我们失去冷静，变得纯任血气做事情；恐惧会使我们失去担当，变得胆小怕事而懦弱；喜好或厌恶会使我们失去理性，变得一意孤行而不能听取意见；忧患会使我们失去自主力，变得瞻前顾后而拿不定主意。每个人在很多时候都可能因为这四种情感而无法做出正确的道德判断，结果导致行为失当。人们被这些情感所困扰的最明显表现，就是《礼记·大学》接下来说的："心不在焉，视而不见，听而不闻，食而不知其味。"倘若我们的心不能放在所当做的事情上，结果就会看见了跟没看见一样，听到了跟没听到一样，吃了饭也不知道其中的味道。因此，"正心"非常重要，没有它，我们就无法为自己的行为找到指南针。

《礼记·大学》中针对四种情绪问题引起的心理偏差，给出的药方就是一个"正"字。《说文解字》云："'正，是也。从止，一以止。'徐锴曰：'守一以止也。'""一"就是"道"，孔子说："吾道一以贯之。"（《论语·里仁》）可见，守一就是守道、止于道。《礼记·大学》云：

> 知止而后有定，定而后能静，静而后能安，安而后能虑，虑而后能得。

在管理各种情绪的过程中，知止是关键。止于何处呢？要止于一，止于道。《礼记·中庸》有"五达道"之说，即"君臣也，父子也，夫妇也，昆弟也，朋友之交也。五者，天下之达道也。"这个"止"要止于自己的角色与本分，止于人生的这五种角色。这个止不单是要在动中求止，也要在静中求止，更要在心中求止。在关照、管理自我的情绪中，在起心动念中，求止，做到"发而皆中节"，这才是和。故动亦止，静亦止，止于心。在各种顺境、逆境、得意、失意时都能"让心做一身之主宰"，才是不违仁，才是真功夫。

《礼记·中庸》云：

> 喜怒哀乐之未发，谓之中；发而皆中节，谓之和。

"喜怒哀乐之未发，谓之中"，这是讲情感未发出时候的宁静状态，就是中。在这个时候，是人的本性自然的内敛状态，所以是中的、不偏不倚的。情感"发而皆中节，谓之和"，这是讲情感抒发出去后，能不乖戾、恰到好处，就是和，这是人的本性舒展后的状态。"中"的状态是根本，它是天道贯注到人道后，人做事的根据。而"和"的状态是人顺着本性发用到达外物，因为它本于天，所以无所不通，是真正的道路。因此，人如果能"致中和"，就实现了天赋与人的本性，就能安立于天地间正确的位置了，所以"天地位焉"；而人以中和应万物，则万物亦得到恰当的对待，所以"万物育焉"。可见，"致中和"就可以实现中庸之道。而"致中和"作为一种方法，就是要求我们能合理控制自己的情感，让它按照我们的本性去发用，而不是被外物牵引着流肆无涯，也就是要"正心"。这里有一个疑问，就是人可否长期处于"未发"状态而不用"正心"呢？对此，《二程集·遗书》卷十八《伊川先生语四》有讨论：

> 或曰："喜怒哀乐未发之前求中，可否？"曰："不可。……于喜怒哀乐未发之前，更怎生求？只平日涵养便是。涵养久，则喜怒哀乐发自中节。……既有知觉，却是动也，怎生言静？人说'复其见天地之心'，皆以谓至静能见天地之心，非也。"

程颐认为，人不可能停留在那个未发的状态，因为人生下来就与外物相连接，自然有喜怒哀乐各种情绪。王阳明的学生请教他如何理解"《大学》以心有好乐、忿懥、忧患、恐惧为不得其正，而程子亦谓圣人情顺万事而无情"（《传习录》）时，王阳明指出，愤怒、恐惧、好乐、忧患这四种情绪不能使心平静，但是，圣人情感的生发，有异于常人，他们不为主观意志所左右，当喜则喜，当怒则怒，其良知本体，不染一丝尘埃，物来则应，物去不留，这正是圣人所谓的情顺万事而无情。佛家所说的"无所住而生其心"，正好表达了这个意思。

《礼记·祭义》说："孝子之有深爱者，必有和气；有和气者，必有愉色；有愉色者，必有婉容。"端庄美好的容颜来自于寂静欢喜的愉色，寂静欢喜的愉色来自于身体内的一团和气，身心相合的一团和气来自于内心深处对父母深深的爱与感恩。孝心才是这一切的底色和根基。《礼记·中庸》中说："中也者，天下之大本也；和也者，天下之达道也。"具体讲，就是要学会平心静气，用平常心去观照我们情绪的波动，以及我们身体因为情绪而引起的变化，如紧张、焦虑、紧绷、压力等等。一呼一吸之谓道。让心做一身之主宰，关照情绪的变化，保持正心、正念、中正平和。"致中和，天地位焉，万物育焉。"（《礼记·中庸》）如果能完全做到中和的地步，天地间的一切合宜得当，万物顺遂，各得其所，就达到了"持道用中"的最佳状态。"中道"就是用正心、正念去处理当下的事情，涵养浩然正气，"持道用中"是正心、正念在事功上最好的应用。

心之失正，或因为情绪，或因为欲望。"饥者甘食，渴者甘饮，是未得饮食之正也，饥渴害之也。"（《孟子·尽心上》）饥渴者，不会挑剔食物与水的口感，这就是没有得到饮食正味的表现，而这正是被饥渴所侵害的缘故。"养心莫善于寡欲"（《孟子·尽心上》），但寡欲是养心的消极方法，毕竟人与人相处，情与欲发自于双方，需要双方的随时调整。因此，涵养仁心、仁德，胜于寡欲。这才是养心的积极方法。

人之大患在于有其心而无力控制自己的情绪和欲望，任其奔放，直到损毁，犹如船之触礁，车之坠崖，再想补救，为之晚矣。孟子说："仁，人心也；义，人路也。舍其路而弗由，放其心而不知求，哀哉！人有鸡犬放，则知求之；有放心而不知求。学问之道无他，求其放心而已矣。"（《孟子·告子上》）孟子认为人性本善，人的先天本心本来是道德的，而人之所以为恶，是由于后天外在的熏染让其逐渐丧失掉了本心。所以，他认为，学问的方法没有什么特殊的，就在于把自己那颗本来具有的道德善心重新找回来。人的鸡和狗丢了，知道去找；而本心丢了，反而意识不到应当去寻觅回来。所以，我们要做的就是重新发现或寻回自己的那颗道德本心，然后让它来做我们的主宰。可见，"求放心"其实在很大程度上就是"放心"。

让心做主，而不由人，对于外来的压力与诱惑，均能抵御而不动心，始可谓守正的功夫，故孟子云："富贵不能淫，贫贱不能移，威武不能屈，此之谓大丈夫。"（《孟子·滕文公下》）心之于人，如同舵之于舟，时时在

修好自己的这颗心
乙未秋月胡音祉画

动,需要时时调整,使其应万事,无过无不及。这种无过无不及的状态,谓之"中"。程子在《礼记·中庸》的首篇就提到"不偏之谓中","中"用于自己可以有"正心"之功,用于他人可以有"忠恕"的效果,用于处理各种具体的事情可得到最佳的效果。

二、格物是正心的前提

修身要从端正自己的心开始。如何正心？要按照人的本心、本性来正。格物"格得来是觉,格不得只是梦"(《朱子语类·大学二》),只有过了格物这一关,才能找到本心。"格物"是人格修养的起点。

王阳明的学生徐爱说:"先生之格物,如磨镜而使之明,磨上用功,明了后,亦未尝废照。"(《传习录》)格物就如同磨镜子使镜子光亮,是在磨上下功夫,镜子光亮后,是不耽误照的。儒家的修身、齐家、治国、平天下,如同九层宝塔,自上而下,虽然有不同的步骤、次序,但却只有一个塔心,找到这个塔心是修学的关键。找到了这个心,才能从根本上"解蔽"。格物是正心的关键。朱熹说:"物未格,知未至,纵有善,也只是黑地上白点。""虽有不善,亦是白地上黑点。"(《朱子语类·大学二》)又说:"格物、致知,比治国、平天下,其事似小。然打不透,则病痛却大,无进步处。治国、平天下,规模虽大,然这里纵有未尽处,病痛却小。"(《朱子语类·大学二》)"格物致知"看似小,但在整个人格修养的过程中所占分量却是非常大。

因为在古本《大学》中,并未对"格物致知"做出明确的界定,这为后世学者的理解带来了困惑,失去了凭据,同时也为后世学者留下了巨大的诠释空间。千百年来,后世学者对"格物致知"聚讼纷纭,莫衷一是,其中,朱熹对"格物致知"的解释,成为后世普遍流行的观点,但王阳明的"格物"说相对而言更为精确。

朱熹在《大学章句》"经一章"里解释了"格物"之意："格,至也。物,犹事也。穷至事物之理,欲其极处无不到也。"简单地说,格物就是即物穷理,或者穷尽事物之理。格物往往与穷理并举为"格物穷理"。"致,推极也。知,犹识也。推极吾之知识,欲其所知无不尽也。"朱熹认为,古本《大学》有所阙漏,他依程颐之意增补了这一段话。他说："是以《大学》始教,必使学者即凡天下之物,莫不因其已知之理而益穷之,以求至乎其极。至于用力之久,而一旦豁然贯通焉,则众物之表里精粗无不到,而吾心之全体大用无不明矣。此谓物格,此谓知之至也。"(《大学章句》)陈来先生在谈到朱熹对"格物致知"的解释时说："朱子的致知只是指主体通过考究物理而在主观上得到的知识扩充的结果。"①又说："在格物与致知的关系上,致知是格物的目的和结果。致知作为知识的扩充,是由于穷尽物理而在主体方面达到的结果。"②

王阳明最初对朱子"格物致知"的学说深信不疑,后来就有了著名的"亭前格竹"的故事。"即取竹格之,沉思其理不得,遂遇疾。"(《王文成公全书·年谱一》)这个故事,说明王阳明当时并未真正理解朱子"格物致知"的学说,而将"格物"理解为对外在竹子的沉思。格竹子失败的教训以及后来的"龙场悟道",最终令王阳明明白,"理"并非来自外部事物,理就在心中："心即理也。天下又有心外之事、心外之理乎?"(《传习录》)最终,王阳明将"格物"的方向从客体转向主体,从外转向内,从物转向心。《传习录》里有徐爱与阳明先生对"格物"理解、阐释的对话:

---

① 陈来:《朱子哲学研究》,生活·读书·新知三联书店2010年版,第334页。
② 陈来:《朱子哲学研究》,生活·读书·新知三联书店2010年版,第290页。

爱曰:"爱昨晚思'格物'的'物'字,即是'事'字,皆从心上说。"

先生曰:"然。身之主宰便是心,心之所发便是意,意之本体便是知,意之所在便是物。如意在于事亲,即事亲便是一物;意在于事君,即事君便是一物;意在于仁民爱物,即仁民爱物便是一物;意在于视、听、言、动,即视、听、言、动便是一物。所以某说无心外之理,无心外之物。《中庸》言'不诚无物',《大学》'明明德'之功,只是个诚意,诚意之功,只是个格物。"

徐爱理解的"格物",是以心为主体,外面的"事",就是心中的"物"。王阳明肯定了徐爱的这种理解,并阐释道:"身的主宰就是心,心之触发就是意,意的本源就是知,意之所在就是物。"把这种意用在待奉亲人上,事亲就是一物;意用在事君上,事君就是一物;意用在仁民、爱物上,仁民、爱物就是一物;意用在视、听、言、动上,视、听、言、动就是一物。在王阳明看来,心才是最重要的概念,若无心,便无从认识"理"与"物",故云:"无心外之理,无心外之物。"《中庸》说的"不诚无物",《大学》中"明明德"的功夫,只是一个诚意,诚意的功夫,只是一个格物。

为了更好地理解这个对话,就必须了解阳明心学中的一个重要概念——"物"。我们通常意义上所认识的"物"就是"物质",它是"独立于意识而又能被意识所反映的客观存在",这是马克思主义哲学对"物质"一词下的定义。王阳明在这里说"意之所在便是'物'",纵然大千世界有森然万物,但只要没有进入我的"意",便不能称之为"物",这是站在天地万物为一体的角度来讲的。王阳明的《大学问》中说:"大人者,以天地万物为一体者也。其视天下犹一家,中国犹一人焉。……大人之能以天地万物为一体也,非意之也,其心之仁本若是,其与天地万物而为一也。岂惟大人，虽小人之心，亦莫不然，彼顾自小之耳。"

站在阳明心学的视角，心、意、良知、事（进入心中的物）为一体。这样才可以理解《礼记·中庸》中"不诚无物"的意思。格物就是格心，格心中之物。阳明先生阐释的"格物"如孟子"大人格君心"之"格"，是去其心之不正，以保本体之纯正。但人的意念有善恶，"格"是要随时随地地从意念中格去其不正，保其纯正。"格物者，格其心之物也，格其意之物也，格其知之物也。"（《阳明先生采要·答罗整庵少宰书》）王阳明扬弃了朱子"格天下之物"的格物说，主张"格物"是成就道德人格的实践过程，是一种从格心中之物开始的精神锻炼和修养功夫。正心是从"格物"开始的一种道德实践过程和人格养成过程。王阳明对"致知"的解释是："致知云者，非若后儒所谓充广其知识之谓也，致吾心之良知焉耳。……吾心之良知，无有不自知者。"（《大学问》）良知所知者即为善恶。就此而论，"致知"所知为善恶之知，为德行之知。这样，王阳明的"格物"就从格心外之物，转为反求诸己，格心中之物，抓住了圣人之学的关键。

王阳明如此论"格物致知"，实际上就为人的知行关系确立了重要的基础，而使人的道德判断与道德实践相贯通。朱熹认为，"论先后，知为先；论轻重，行为重"，他将知行分开，而强调从知行两方面下功夫。王阳明则认为知行合一，将知行两者看作连贯的整体，认为不应区别。因为"我今说个知行合一，正要人晓得一念发动处，便即是行了。发动处有不善，就将这不善的念克倒了。须要彻根彻底，不使那一念不善潜伏在胸中"（《传习录》）。只有确立了知行合一，人才知道必须在念头上就予以重视，念头若不正，则行为不可能端正，这实际上是强调了"正心"的重要性。而在王阳明的理解中，"格物致知"事实上和"正心"并没有绝对的区别，只不过前者是在道理上明正理、识道德，后者是在具体的道德实践中将"格物致知"予以实践。因此，可以说"格物致知"就是为了真正的"正心"，而实践的"正心"以"格物致知"为基础。

三、正心决定正确的心态和行为方式

朱熹认为，心是一身之主宰，"具众理而应万事"（《大学章句》）。一颗正心不仅决定着人内在的价值，也决定着人做事的心态和思维模式，引导着人的行为。做同样的事情，因为"心"不同，心态就不同，事情的结果就会不同。孔子对"心"的可能影响和结果有清楚的认识："子绝四：毋意，毋必，毋固，毋我。"（《论语·子罕》）孔子认为，人心有四种问题：意、必、固、我。意即臆，指臆测，没有事实根据就凭空判断一些事情；必，就是过于坚持必然性、绝对性，而对开放性和可能性不予考虑；固，就是固执，顽固不化，拘泥于旧观点，而不能更新；我，就是认为自己永远正确，别人都是错误，这是一种自我中心主义。孔子对这四种毛病坚决予以杜绝。为什么呢？我们分别来看。按意去行为，就会由忽略事实而造成猜忌他人，使自己疑心病很重，好怀疑人，这种现象在生活中很多，会使得我们无法相信他人。必，常会使人犯下难以改正的错误，会让人用所谓的绝对必然性压倒生活中各种复杂的可能性与偶然性。固，更是人们在做事情时常见的问题，人若不听他人的劝告而固执的话，就会变得胶柱鼓瑟、不思改变，尤其在面对新生事物时，自绝于时代，为时代所淘汰。我，是人类的一个毛病，因为人无法离开自我意识，但自我意识应保持在一个合适的范围内，否则，就会自我膨胀、自以为是。可见，要想行为正确，就必须端正人心。

《孔子家语》卷五中还记载了如下一则故事：

孔子兄子有孔篾者，与宓子贱偕仕。孔子往过孔篾，而问之曰："自汝之仕，何得何亡？"对曰："未有所得，而所亡者三。王事若龙，学焉得习，是学不得明也；俸禄少，饘粥不及亲戚，是以骨肉益疏也；公事多急，不得吊死问疾，是朋友之道阙也。其所亡者三，即谓此也。"

孔子不悦，往过子贱，问如孔篾。对曰："自来仕者无所亡，其有所得者三。始诵之，今得而行之，是学益明也；俸禄所供，被及亲戚，是骨肉益亲也；虽有公事，而兼以吊死问疾，是朋友笃也。"

孔子喟然谓子贱曰："君子哉若人！鲁无君子者，则子贱焉取此。"①

孔子的侄子孔篾与弟子宓子贱同朝为官。一段时间之后，孔篾认为自己是一无所得。所失之处有三个方面：一是公务繁忙，事情一件接一件，自己的理想没有机会得到实践，自己所学得不到昌明；二是俸禄少、连稀饭都不能分给亲戚，骨肉之情日益疏远；三是公务多，有时又来得急，迎来送往，朋友吊死问疾这些事就顾不上了，朋友之情渐渐缺失。还是同样的现状，宓子贱认为自从做官以来，收获颇多，主要体现在

① 杨朝明、宋立林主编：《孔子家语通解》，齐鲁书社2013年版，第236页。《孔子家语》作为一部重要的儒家典籍，长期以来陷入真伪之争中，其问题是内容中有许多与大、小戴《礼记》和刘向《说苑》《新序》等书雷同或者相似之处，也即所谓"互见"，这种现象被一些学者认为是《孔子家语》对诸书的剽窃。《孔子家语》由于其"伪书"的背景，多数经学、史学研究者都少有关注，使它的思想和文献价值长期受到忽视。上世纪70年代以来，随着大批有价值的早期文献陆续出土，《孔子家语》的研究带来了新的生机，丰富了孔子儒学研究的资料。以李学勤、杨朝明、宁镇疆等为代表的学者们经过长期、深入、细致的研究，尤其是杨朝明、宋立林主编的《孔子家语通解》认为，该书是人们理解孔子思想、走近孔子的一部不可缺少的重要著作。正如杨朝明所说："《家语》是当之无愧的孔子研究第一书。"宁镇疆所著《孔子家语新证》，指出："对此书的研究已经远超传统辨伪学的范畴，拥有更加广泛和深远的意义。"（《前言》）本书正是在最新学术研究成果的基础上，引用《孔子家语》的一些内容作为讨论儒家思想的材料。

三个方面：一是跟从老师学习而形成理想信念，并在实际工作中得到应用，信念更加明晰；二是所得到的俸禄，分给亲戚，骨肉之亲更加亲密；三是虽然公务缠身，却仍然能兼顾到吊唁死者、探望病人，朋友之情更加深厚。

同样的问题与境况，却因心态的不同，而带来截然不同的结果。孔篾心中全是失：工作太忙，顾不上理想，顾不上学习；俸禄太少，顾不上亲人；事情太多，顾不上朋友。于是，工作无趣，亲情疏远，友情缺失。悲观、焦虑、不安是孔篾心态的主旋律。宓子贱心中全是收获：通过工作将学业实践，将俸禄用来敬养亲人，兼顾公务与人情。于是，工作有劲头，家庭有亲情，朋友有温暖。乐观、平和、满足是宓子贱心态的主旋律。

四、正心决定着人的价值体系

正心即良知，而良知是我们内在的价值系统，是判断是非对错的标准，是人之为人的底线，决定着人正确的理想信念和前进的方向。孔子要求士人要"志于道"，甚至说"朝闻道，夕死可矣"（《论语·里仁》）。他所说的"道"就是信仰，就是信念，就是人的价值体系。在长期的历史发展中，中华民族形成了自己的价值观，诸如"五常"、"八德"。"五常"是"仁、义、礼、智、信"，"八德"是"孝、悌、忠、信、礼、义、廉、耻"。

孟子云："人之所不学而能者，其良能也；所不虑而知者，其良知也。"（《孟子·尽心上》）孟子所谓的良知良能，即仁、义、礼、智的发端：恻隐之心、羞恶之心、辞让之心、是非之心，亦称"四端"。此"四端"即天理，为天赋道德，孝、悌、忠、信、礼、义、廉、耻等均由此扩充而来。人如果能保有此"四端"，并不断践行"孝、悌、忠、信、礼、义、廉、耻"的道德，则人人都有成为尧舜、圣贤的可能。

孟子所说"四端"就是人的本心，是良知，是道德之心。而"道"在何方？吴澄说："道之为道，具于心，岂有外心而求道者哉？"又说："此一心也，自尧、舜、禹、汤、文、武、周公传之，以至于孔子，其道同。"（《全元文·仙城本心楼记》）吴澄一语中的，由心入道，道在心中。人生的正道、方向应遵循天理、天道，应顺天时。在人生之路上，不断进行道德实践，就是对良知的彰显，就是对天理、天道的践行。一颗正心决定着人的价值体系，这个价值体系就是千百年来不能丢掉的人之为人的底线和做人的良知，就是仁、义、礼、智、信，就是"五常"、"八德"。

价值观、精神追求等都属于"文化"的范畴。文化分为表层的物质文化、中层的制度文化、深层的核心层文化。核心层文化就是价值观，这

真正的宁静不
是远离喧嚣，
而是在心内修篱种菊。

乙未又月 胡兰兰画

是文化中最深层、最根本的部分。今天倡导的社会主义核心价值观与中国传统的价值观是一脉相承的。有了崇高的精神境界和正确的价值观，就有了前进的动力与正确的人生方向，就具备了德的前提。有了正确的价值观，德行好坏就有了标准，就能得到检验。在大力弘扬中华优秀传统文化的今天，我们应把价值教育、人格养成建立在知识教育更高的地方。知识技艺的学习，是人在道德实践道路上的工具材料，只有在正确的人生方向指引下，才能保证知识技艺更好更充分地发挥作用。当越来越多的人有了这个共识，有了正心正念，我们优秀的传统文化就成全了当下，成就了未来。

第三节　诚意正其心

　　古往今来，"诚"既是道德与人格的基本标准，也是做人的至高境界。守诚是做人的起点，也是终点。离开"诚"，正心修身、人格教养都无从谈起。人无"诚"不立，家无"诚"不和，业无"诚"不兴，国无"诚"不宁。一个"诚"字贯穿于格物、致知、正心、修身、齐家、治国、平天下的所有环节，可见"诚"之重要价值。在中国历史上，以"诚"立身，以"诚"立国的事例不胜枚举，失"诚"丧命、误国的教训也比比皆是。在大力弘扬中华优秀传统文化的今天，从传统儒家"诚意正其心"的修身思想中借鉴"诚"的精华，真诚待人，诚信做事，无疑是从源头上解决当下诚信缺失问题的一剂良方。

一、诚意是正心之基础

（一）何谓"诚意"

《说文解字》云："诚，信也。从言，成声。"许慎将"诚信"两字互训："诚，信也。""信，诚也。"诚和信二者虽然意思相近，但在使用上略有区别。"诚"多强调道德主体的内心，诚于中，信于外，内心之"诚"可以外化为"信"。"信"是指人与人交往中的一种道德规范，"信"在人际交往中可以得到验证。有"信"未必有"诚"，一个人守信，未必出自内心之"诚"。"诚"的程度与否，可以自知而别人不能知。

"意，志也。从心。察言而知意也，从心从音。"（《说文解字》）在《礼记·大学》、《礼记·中庸》中，有诸多关于"诚"与"诚意"的论述。如："所谓诚其意者，毋自欺也。"（《礼记·大学》）"自诚明，谓之性；自明诚，谓之教。诚则明矣，明则诚矣。"（《礼记·中庸》）由真诚而能明善，是本性的作用。由明善而能真诚，可视为教化的作用。真诚到一定程度就会明善，明善到一定程度就会真诚。复其诚明之本性是古代教育者教学的唯一目的。

朱熹认为"诚"有真实无妄的意思。"诚者，真实无妄之谓，天理之本然也。"（《中庸章句》）"诚"以心言，本也。朱熹在《大学章句》中说："诚，实也。意者，心之所发也。实其心之所发，欲其一于善而无自欺也。""诚意"就是"实其心之所发"。"诚"与"欺骗"、"虚伪"相对，是道德主体发自内心的对自己和他人的一种真实态度。

（二）"诚意"的核心要义

朱熹一生对《大学》修改不断，直至逝世前三天，仍在修订"诚意章"，并把"诚意"当成一个有机整体，由不自欺、自慊、慎独组成。

第一，诚意就是"不自欺"。

所谓诚其意者，毋自欺也。如恶恶臭，如好好色，此之谓自谦。
（《礼记·大学》）

　　诚意者首先要做到"毋自欺"。"毋自欺"就是不自欺、不欺心，是指发自内心的一种表里如一、言行一致的态度。朱熹在《大学章句》中对"自欺"的解释是："自欺云者，知为善以去恶，而心之所发有未实也。"自欺是诚意的反面，是由心中意念发而不实造成的。"知上不足、知之不纯"，认知上的任何不尽都会导致自欺。朱熹将"知"分为真知、半知、无知，认为处于自欺状态中的"知"其实是半知半不知，这种知而不行、知善而不去为善、知恶而偏要行恶的自我欺骗行为，介于无知和真知之间。故消除自欺的功夫集中于知，不自欺就是诚意。自欺会导致知行背离，那种表面上随声附和，但内心并不真心认同对方观点的态度，依然是自欺。所以，"不自欺"就像遇有恶臭必远而避之，遇有美色必趋而求之一样。这种态度在与他人相处时，能够做到用真心，而不用心计。
　　第二，诚意就是"自谦"。
　　"自谦"是"不自欺"所体现的感受。朱熹说："所谓'诚其意'，便是要'毋自欺'，非至诚其意了，方能不自欺也。所谓不自欺而自谦者，只是要自快足我之志愿，不是要为他人也。"（《朱子语类·大学三》）"谦"者"谦"也，不自欺者，是为自谦，指与人相处交流时一种由内而外的真实态度，是身心合一状态下，个体自我内在的道德愉悦满足感，它表达的是自我人格的内在完整性和独立性，是修德达到诚意后所体现出的"心广体胖"的必然境界。"自谦"与"自欺"所表现出的是两种对立的人格。
　　第三，"慎独"是衡量诚意与否的标尺。
　　《礼记·大学》云："所谓诚其意者，毋自欺也。如恶恶臭，如好好色，此之谓自谦。故君子必慎其独也。"《礼记·大学》中的这段描述可谓是对诚意、慎独关系的一种阐释：慎独是衡量诚意与否的标尺。如果说诚意是正心的功夫，那么慎独则是诚意的功夫。无论是《礼记·大学》还是《礼记·中庸》都强调从"诚"入手，用"慎独"的方式进行自我道德修养。"慎独"的下手处便是我们的起心动念。《礼记·中庸》云："君子戒慎乎其所不睹，恐惧乎其所不闻。莫见乎隐，莫显乎微，故君子慎其独也。""慎独"就是要从"戒慎乎其所不睹，恐惧乎其所不闻"的"他人不知、己所独知"的地方来砥砺磨练。念起即觉，觉而后语，警惕自己心头的每一个起心动念，尤其是在它还处于隐微幽暗之地，不为他人所知的时候，就要加以制止，警戒谨慎，唯恐有失，防微杜渐，绝不可掉以轻心。

（三）诚意是正心修身的首要条件

朱熹说："诚其意者，自修之首也。"（《大学章句》）王阳明说："诚意之说，自是圣门教人用功第一义。"（《传习录》）"诚意"是正心修身、人格养成的首要条件。两千多年来，一贯注重以"修身"为本的中国，直到民国初年，教科书中依然有"修身"一门课程。修身离不开"诚其意"。"诚其意"先要"诚己意"，"诚意是善恶关。……诚意是转关处。……诚意是人鬼关！……知至、意诚，是凡圣界分关隘"，"更是《大学》次序，诚意最要"（《朱子语类·大学二》）。

"《大学》之要，诚意而已矣。"（《王文成公全书·大学古本序》）王阳明心目中的《大学》即是"诚意"之学。"诚意"为《大学》思想的核心，统御"三纲"、"八条目"。所谓"明明德只是个诚意"，"格物致知者，诚意之功也"，王阳明说："修身功夫只是诚意。就诚意中体当自己心体，常令廓然大公，便是正心"，"正心只在诚意功夫里面"（《王阳明全集》）。诚意方能正其心，正心先要诚其意，要想诚意，先要从不自欺、不欺心、不欺人做起。而在"所谓平天下在治其国者,上老老而民兴孝,上长长而民兴弟,上恤孤而民不倍。是以君子有絜矩之道也"(《礼记·大学》)上的批语是"功夫只是诚意";在"《秦誓》曰:若有一介臣,断断兮无他技,其心休休焉,其如有容焉。人之有技,若己有之;人之彦圣,其心好之;不啻若自其口出,实能容之,以能保我子孙黎民,尚亦有利哉!"(《礼记·大学》)上的评语是"能诚意者";对于"人之有技,媢嫉以恶之;人之彦圣,而违之俾不通,实不能容。以不能保我子孙黎民,亦曰殆哉!"(《礼记·大学》)的评语是"不能诚意者"。"故圣人之学,只是一诚而已。"(《传习录》)王阳明将"诚意"视为成就道德、养成人格的首要环节。在王阳明看来,人只有通过不断地致良知,通过真诚的道德努力,才能恢复心体之明,才能够成为一个大人、君子。

王阳明在谈到"正心"与"诚意"的关系时说,"正心"即在"诚意"功夫中。"正心只是诚意功夫里面体当自家心体,常要鉴空衡平,这便是未发之中。"(《传习录》)"心体"是至善的,即是"正",但如有邪念萌发,便不是"正",而"正心"即是"诚意"功夫中"体当自家心体",即"诚意"能去邪念而回到"本心"。王阳明说,诚是心之本体,求复其本体,便是思诚的功夫。而"意诚"自然心正,自然身修。王阳明以"诚意"置于前,将格物、致知、正心、修身贯穿起来成为一以贯之的整体。

二、"诚"是进入"天网"的钥匙

"天人合一"是中华文化之共识。"人法地,地法天,天法道,道法自然"(《道德经》二十五章),道、天、地、人组成了一个彼此作用的整体,不仅共同维系着宇宙的生生不息,还构成了一个"疏而不失"(《道德经》七十三章)的"天网"。这个"天网"的端口在哪? 王阳明说:"盖天地万物与人原是一体,其发窍之最精处,是人心一点灵明。风雨露雷、日月星辰、禽兽草木、山川土石,与人原只一体。"(《传习录》)"人者,天地万物之心也;心者,天地万物之主也。"(《王文成公全书·书三》)陆九渊说:"宇宙便是吾心,吾心即是宇宙。"可见,"天网"的端口就在人心。

《礼记·中庸》云:

> 诚者,天之道也;诚之者,人之道也。诚者,不勉而中,不思而得,从容中道,圣人也。

按照《礼记·中庸》的说法,"诚"是天道之本然,人道之必然。在"诚"字后面加一个"之",就从天道降为人道。"诚"是人对天道的一种体认与把握,是复归心性本体的一种境界。"诚"担负着贯通天道、人道的重任,那它具有什么样的内涵呢?朱熹说:"诚者,真实无妄之谓。"(《朱子语类·中庸三》)"诚"就是真,就是实。《菜根谭》中有这样一段话:

> 人心一真,便霜可飞,城可陨,金石可镂;若伪妄之人,形骸徒具,真宰已亡,对人则面目可憎,独居则形影自愧。

"霜可飞",是指战国时期哲学家邹衍的故事。邹衍忠心耿耿侍奉燕惠王,却因燕惠王听信谗言而使之遭受牢狱之灾,邹衍仰天哭泣的行为感动了苍天,在五月天飞雪下霜。"城可陨",是指齐国武将杞梁和他妻子的故事。杞梁和妻子非常恩爱,杞梁战死疆场,尸体被运回家乡,杞梁的妻子伤痛欲绝，禁不住放声痛哭，这悲怆的哭声摧裂了杞都的城墙。

上述两个故事，虽说充满了文学性的夸张以及传奇色彩，但它所表达的却是那些真实到极致，至性至情之人所迸发出的感天动地的情感力量，即"精诚所至，金石为开"。诚是通达天网、人心的钥匙，反之，虚伪诈妄之人，良知泯灭，空有一副驱壳，与人相处则面目可憎，一人独处则会对影自愧。

至诚的状态，既无虚假，亦无间断，达到了这种状态的人，有着与天地万物的一体之仁，行善没有片刻止息。至诚之人，没有一己之私心，他只是率性而为，"不勉而中，不思而得，从容中道"，所以说，"至诚无息"（《礼记·中庸》），达到了至诚的状态就是道。这就是圣人。周敦颐说："圣，诚而已矣。诚，五常之本，百行之源也。静无而动有，至正而明达也。五常百行，非诚，非也，邪暗，塞也。故诚则无事矣。至易而行难。果而确，无难焉。"（《通书·诚下》）达到"诚者"境界的人可以"与天地合其德，与日月合其明，与四时合其序，与鬼神合其吉凶"（《周易·文言》）。这种人是天下万世之师表，他们领受了天命，以传道、授业为己任，以正万世人心之事业为己任。择善是诚的方向，固执则是诚的功夫，择善而固执，达到至诚的状态，就"可以前知"，用"至诚如神"来形容这样的人了。

《礼记·中庸》云：

> 唯天下至诚为能经纶天下之大经，立天下之大本，知天地之化育。

至诚之人，才能经营、筹划天下众人共同的规范，奠定天下众人共同的基础，并且了解天地的造化及养育方式。他们可以从一些细微的征兆预测出国家的兴旺,也能从一些反常不祥的现象预测出国家的衰亡,还能从人的动作状态上、蓍草龟甲上来预测人的旦夕祸福。达到了"至诚"的人就进入了生生不息的状态。天道以至诚而生生不息,永合中庸之道,周而复始。由此人道应仿效天道,时时刻刻"诚之",这一人道和天道的连接点就在一个"正心"中,正心既是诚的起点,也是它的终点。

三、"诚意"是道德修养的途径和功夫

"自诚明,谓之性;自明诚,谓之教。诚则明矣,明则诚矣。"(《礼记·中庸》)诚是天道的本然,人道的必然,但由于"性相近,习相远",于是就需要后天的教化,复现出原本内在的真诚本性,这就是《礼记·中庸》开篇所说的:"天命之谓性,率性之谓道,修道之谓教。"复其诚明是教者的使命和担当。"诚"是完成内在的道德,修养仁德,以及成就外部事业的关键。无论是天道之"诚",人道之"诚",还是达到天人合一境界的"诚",表达的都是人对自己、对他人、对事物的一种态度与精神状态,如果不是圣贤,平常人要做到"诚",是需要经历一番修养的功夫才能达到的。《礼记·中庸》云:

> 其次致曲,曲能有诚。诚则形,形则著,著则明,明则动,动则变,变则化。唯天下至诚为能化。

谈到修养功夫,就要推究隐微的意念,由隐微的意念产生真诚的心态。真诚到一定程度就会表现出来,表现到一定程度就会彰显开来,彰显到一定程度就会发出光明,光明到一定程度就会产生行动,行动到一定程度就会带来改变,改变到一定程度就会造成转化。只有全天下真诚到极点的人，才能够教化众人。

"诚"是成就事业、成就他人的前提，要成就事业，成己是关键。先要正心、修身，涵养自己仁义礼智的品德，使自身才德俱全。《礼记·中庸》说："凡为天下国家有九经，所以行之者，一也。"想治理天下国家的人，都要实行九条原则，而能使这些得以实践的只有一个原则，那就是"诚"。《礼记·中庸》曰：

> 修身也，尊贤也，亲亲也，敬大臣也，体群臣也，子庶民也，来百工也，柔远人也，怀诸侯也。

修身、尊贤、亲亲、敬大臣、体群臣、子庶民、来百工、柔远人、怀诸侯，是治理国家的九条原则，这九条原则的基础是"诚"。一有不诚，则九者皆为虚文。所以，"诚"是九经之实。"诚"贯穿于修身、齐家、治国、平天下的整个过程，是成就道德人格，成为君子、大人，成就外在功业的重要环节，是道德品质"内养外成"的关键。成己是仁，成物是智；自我完善是仁，完善事物是智。"诚"是贯穿、完成内部道德修养的"仁"和外部事功"智"的关键。"诚"并不仅限于自我完善，而是要外化，完善事物。仁智合一，成就内圣。时措之宜，知行合一，才能更好地服务人民，造福社会，成就外王；反之，外王便难以成功。"诚"的修养也离不开人伦日用。《礼记·中庸》云：

> 君臣也，父子也，夫妇也，昆弟也，朋友之交也。五者，天下之达道也。

在上下级、父子、夫妇、兄弟、朋友这五种人伦常道中，每个人都要止于自己的角色和本分。要保持这种天然伦序的和谐，诚是基础，是关键。只有真心诚意地爱家人和亲人，家人、亲人间才能和睦和顺。如果不能守诚，外有事亲之表，内无爱亲之实，是很难得到家人、朋友的认可与信任的。以此类推，家庭顺亲而后友可信，必信友而后获得上级的支持。宋代的鲁宗道就是这样一位表里如一的典范。《宋史·鲁宗道传》记载：

> 宗道为人刚正，疾恶少容，遇事敢言，不为小谨。为谕德时，居近酒肆，尝微行就饮肆中，偶真宗亟召，使者及门久之，宗道方自酒肆来。使者先入，约曰："即上怪公来迟，何以为对？"宗道曰："第以实言之。"使者曰："然则公当得罪。"曰："饮酒，人之常情；欺君，臣子之大罪也。"真宗果问，使者具以宗道所言对。帝诘之，宗道谢曰："有故人自乡里来，臣家贫无杯盘，故就酒家饮。"帝以为忠实可大用，尝以语太后，太后临朝，遂大用之。

鲁宗道与朋友一起吃酒时恰遇宋真宗召其入宫，使者等之久，因此怕真宗怪罪，建议宗道不要以实相告，但宗道认为饮酒乃人之常情，欺君才是臣之大罪。真宗看到宗道如此诚实，不但没有怪罪他，还委以重任。

鲁宗道实话实说的坦诚态度，与有些人为了逃避制裁，便避重就轻、刻意撒谎，以图自保相比，虽然存在一定的风险，但是造成的后果却是最轻的。因为，诚意的品格会赢得对方的信任，进而谅解其过失，这就是"人谁无过，过而能改，善莫大焉"（《左传·宣公二年》）的道理。

"诚者，自成也，而道，自道也"（《礼记·中庸》），保持真诚，坚定地持守内心本性之善，之后，道便会自己展示出来，然后，自动自发地为他人、为万物、为天地服务，帮助更多的人复其诚明之本性，从而实现"诚"，并最终在天地之间完成真正的自我。这样，人道的慎独、诚意的修养便和整个世界达到了一个完美的契合点，这个点就在"正心"中。把持这个正心，就是中庸、中道、允执厥中。"诚身有道，不明乎善，不诚乎身矣"（《礼记·中庸》），如果对此没有清醒明白的认识，是无法做到的。

> 诚者，物之终始，不诚无物。是故君子诚之为贵。诚者，非自成己而已也，所以成物也。成己，仁也；成物，知也。性之德也，合外内之道也。故时措之宜也。（《礼记·中庸》）

只要保持真诚，万物的开始和结束都会如实进行；没有真诚，便无一物可以存在。因此，君子非常重视自己的真诚，因为真诚不止于成就自己，而且能成就万物。成就自己，显示了仁德；成就万物，显示了明智。这两者都是本性所具有的能力，把外在的途径和内在的途径合起来说，就要配合时机做适当的处理。

既然"诚意"如此重要，那么我们要从哪些方面加以把握呢？首先就是成己。成己，就是发自内心地自我达成，主动把自己和天理合为一体，合为一体就是"天人合一"。"诚者自成"（《礼记·中庸》），必须发出不欺天理的"自我达成"的命令，这个自我达成的标准才能变为现实。"诚"要从意念发起，并贯穿事物发展的始终。

第四节　正心须慎独

"慎独"是我国自古以来进行个人道德修养的重要方法,也是衡量、评定一个人道德水准高低的关键环节。"慎独"作为一种修养、一种自律、一种情操,在几千年的中国古代道德实践中发挥过重要的作用,在网络信息化的今天,"慎独"并没有因时代的变革而失去现代意义,反而更加契合当今时代的需要,对提升社会成员的道德修养、社会公德、家庭美德,增进社会和谐都具有重要的价值。

一、何为慎独

"慎独"一词出自《礼记·中庸》:"是故君子戒慎乎其所不睹,恐惧乎其所不闻。莫见乎隐,莫显乎微,故君子慎其独也。"因此,君子对于他没见过的事也戒惕谨慎,对于他没听过的事也担心害怕。然后,隐蔽的事变得清楚,细微的事变得明白。因此,君子在己所独知、人所不知的隐微之地特别谨慎。

许慎《说文解字》曰:"慎,谨也。"刘宝楠《论语正义》曰:"《尔雅·释诂》:'慎,诚也。'"可见"慎"是表示诚实、真诚的一种状态。"慎独"便是要人们无论是否有人监督,在起心动念间就要做到真诚。"慎独"是对自己的心思意志时时刻刻保持警惕,使它不造作、不放纵、不堕落,使心思意念符合"中正"的纯净本性,进而"发而皆中节",外显出合乎礼仪规范的语言与行为。

关于"慎独"的含义,历代颇有争议。郑玄认为:"慎独者,慎其闲居之所为。小人于隐者,动作言语自以为不见睹,不见闻,则必肆尽其情也。"意为慎独就是在无人之处也要保持道德。朱熹在承袭郑玄的阐说之上,又对"慎独"做了进一步的解释。朱熹《大学章句》中对"独"的解释是:"独者,人所不知而己所独知之地也。"就是只有自己知道,别人无法看到的地方。朱子认为,"独"为己所特有而他人无法进入、无法窥知的心理状态,此一状态时刻不停地在进行着各种性质的意念活动。此内在的心理活动必然会表现为个人的外部行为,他人由此可反窥出此人之状态。在《大学古本问》里说:"诚意是慎独功夫,在格物上用,犹《中庸》之戒惧也。""慎独"是指在人所不见而己所独知之时,仍要关注保持意念之正。在起心动念间做到真诚。为何儒家要强调在"慎独"上下功夫呢?因为人在他人不在场时容易表现出自私、恶的一面,这是儒家对人性认识的一个重要方面。而这种恶容易使自己陷于不利的境地,也容易对他人造成损害和威胁。因此,道德主体用"君子慎独"来要求自己,让自己成为一个大写的人。一个君子、大人是时时刻刻能与自己的良知在一起的。"慎独"是在自己起心动念的道德意识上做功夫,这种功夫是对自己心思意念的一种纯化,使自己的道德意识纯一无虚、专一而行。"慎独"是精微细致的内心修养功夫,而不仅仅指周围没有人的时候自己也要谨慎的意思。

对于"慎独",明末大儒刘宗周推崇备至:"自昔孔门相传之法,一则曰慎独,再则曰慎独。"刘宗周是阳明后学的集大成者,众所周知,王阳明以致良知作为学问主导,而在刘宗周这里,则严格区分了意与念。意是根本、最初的意念,它来源于人的善本性,因此刘宗周称之为"意根",而意根是纯粹至善的,是生命之源、道德之理。念则是继之而起的纷繁复杂的各类念头,其中善恶混杂,充满了后天的污染。因此人的道德修养功夫就在于"慎独",即对"意根"的保养、保护,使得人心不在根源上就被污染而偏失。这种功夫是"正心"的基础,因为如果没有长期的"慎独"功夫对本心本性的保养,则人难以在纷繁的念头中判断善恶、选择善念。

二、良知作为判断是非的原则

"慎独"是儒家自省的重要修养功夫,是把握儒学真精神的关键,故刘宗周说:"圣学之要,只在慎独。"(《刘子全书》)内心世界是每个人己所独知、人所不知的,其他人无法了解我们的内心世界。而"慎独"是要求人们谨慎地对待自己内心世界的起心动念。王阳明说:"所谓'人虽不知,而己所独知'者,此正是吾心良知处。"(《传习录》)良知是己所独知之地的认知、判断和评价原则。"慎独"即不自欺,其主体面对的是自己的道德意识,与自己的意识"赤膊相见",是自觉地将自己与他人进行疏离,这种疏离不是情感上的,而是内在境界上的,是追求一种与众不同的更高的心理地位。这种要求不是众人对"我"的要求,而是"我"基于对良知的体认和对道德的自觉而主动为之的。通过"慎独",复归虚灵不昧的本心,以增进德性光辉,从而塑造君子、圣贤的人格。《韩非子·喻老》中记载了这样一个故事:

> 子夏见曾子,曾子曰:"何肥也?"对曰:"战胜,故肥也。"曾子曰:"何谓也?"子夏曰:"吾入见先王之义则荣之,出见富贵之乐又荣之,两者战于胸中,未知胜负,故臞。今先王之义胜,故肥。"是以志之难也,不在胜人,在自胜也。故曰:"自胜之谓强。"

在先王的仁义道德与富贵两个念头于内心斗争、不分胜负的情况下,子夏被搅得心力交瘁且消瘦，但当先王的仁义道德战胜了富贵之后，他却胖了，以自身体验验证了"德润身""心广体胖"的真谛。所以，在见到曾子后，曾子问其为何发胖时，子夏告之于"战胜"。子夏心中道心与人心的交战过程，其实正是"慎独"的过程，是道心、人心在名闻利养、富贵荣华等等欲望诱惑与考验的过程中的交战过程。"志于道德者，功名不足以累其身；志于功名者，富贵不足以累其心"（《论语集注》），可见，"慎独"是凡圣分野之处。

晚清名臣曾国藩在其遗嘱中谈及"慎独"时说："慎独则心安。自修之道，莫难于养心；养心之难，又在慎独。能慎独，则内省不疚，可以对天地质鬼神。人无一内愧之事，则天君泰然，此心常快足宽平，是人生第一自强之道，第一寻乐之方，守身之先务也。"（《诫子书》）人如果能做到"慎独"，心里自然会平静、安定、富足。能够"慎独"的人，就是时时刻刻彰显良知的人，自我反省时不会感到愧疚，面对天地、鬼神可以泰然自若。这样的人心是安的，心态是宁静的，心情是愉快幸福的。

当今社会出现了诸如诚信缺失、伦理乖舛、道德滑坡等现象，究其根本的原因就是放弃了"慎独"心性修养的课程，视几千年来的圣人之学为无用之学。岂不知无用之用方为大用。王阳明在《咏良知》的诗中说："无声无臭独知时，此是乾坤万有基。"在思想上筑起堤坝是防止欲望泛滥和各种问题的根本。

王阳明说："良知即是独知时，此知之外更无知。"谨慎地对待我们每个人起心动念的内心世界的活动，以慎独、内省、诚意来唤醒每个人心中的圣人、君子，不断反省和纠偏自己不正的意念，通过持守"慎独"精神，将"慎独"的意识注入自身，并内化为个体的道德意识，外化为个体的行为准则，以此来提高自身的道德修养水平，进而影响带动他人，来实现人类共同的道德本性,从而提升整个社会的道德意识和道德水准,增进社会公德、家庭美德的建设。

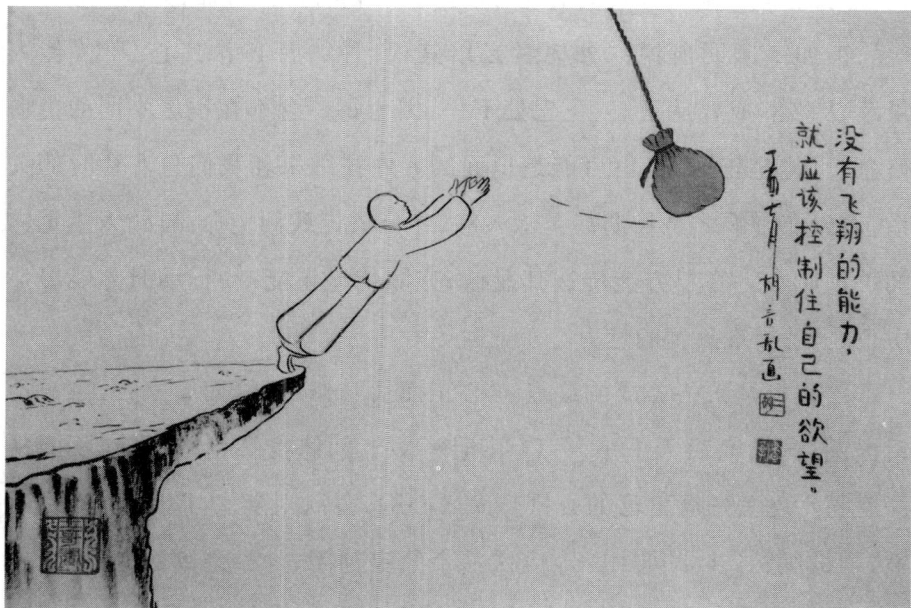

没有飞翔的能力,就应该控制住自己的欲望。

第五节 "正心"是人格养成的源泉

正心的学问是中华传统文化中最重要、最核心的话题之一,也是今天的人格养成的学问。人格是一个人道德品质、气质、能力的综合反映和外在表现,它反应了一个人如何生活才更有价值和意义。在中国历史上,历代先哲们长期思索、探索的重要人生问题就是理想人格的设计。无论是尧舜禹禅让的"十六字心传",还是孔子的"祖述尧舜、宪章文武",历代圣人都把正己心、正人心当作自己一生义不容辞的使命。

《礼记·大学》云:"欲修其身者,先正其心。""正心"是人格养成的起点。动机决定行为,端正行为要从端正品行做起,端正品行要从起心动念处入手。"正心"处于人格养成最深层次的内核部分，主导着人格发展的根本方向，其本质是一种积极健康的、由内而外的社会化体验过程。因此，谨慎地对待我们的起心动念，是培养道德人格的关键。

正如王阳明所说："种树者必培其根，种德者必养其心。"(《传习录》)人格养成要从正心、正念处下手，因为每一念都在积累不同的生命信息，可能是正面的，也可能是负面的。外在结果和我们只有暂时的关系，而内在影响才是长期甚至永久的，才是决定我们生命品质、人生走向的关键所在。心正方能传达其意诚，方能传递正能量，行动时方能彰显中正之气，展现品德的魅力。

正心也是人格养成的终点。"心正而后身修，身修而后家齐，家齐而后国治，国治而后天下平。"(《礼记·大学》)修身从正心开始，不断从深度与广度去拓展自己的心量。人之心胸，多欲则窄，少欲则宽；人之心境，多欲则忙，少欲则闲。人应做一个气定神闲、少私寡欲的人，不断拓展自己的生命品质，提升自我的境界，最后通达至诚无息的状态。只有至诚无息，才能成就中正无邪、至真至纯的品德，而成就了至纯至真的品德之后，才能回到终点，回归于天道。这个正心就是道心，是一个核心点，是生命力的源泉所在。

对于"正心"的具体展开，朱熹有一个论述非常值得思考："只是这一个心，知觉从耳目之欲上去，便是人心；知觉从义理上去，便是道心。"(《朱子语类·尚书一》)人的心只是一个心，如果心是从耳目等欲望展开活动，那么他的心就是人心；如果心是从道德义理展开知觉与活动，那么他的心就是道心。这是一个复杂的心性哲学问题，但实际说起来也并不很难理解。人的心只是一个心，但它会发出很多或正或邪的念头，人如果能做"正心"的功夫，则会进行正确的道德和判断，这样这个心就

"道心";但如果人不能"正心",则会被诸多的念头所迷惑,最终追逐声色犬马的欲望,这样的心也就是"人心"。举例来说,"爱美之心,人皆有之",但如果将这心引入审美和欣赏,就是"道心",若是引向了肉欲,则为"人心"。

可见,"正心"在道德修养和人格养成中起着关键的枢纽作用,它可以说是人成就自身人格的源泉之水。此水清,则人格高尚;此水浊,则人格卑下。《传习录》云:"与其为数顷无源之塘水,不若为数尺有源之井水,生意不穷。"人格的养成亦是如此,如果仅仅依靠外在的道德仁义的约束,就如挖一个数顷之大却没有源泉的池塘,终究是无源之水。"仁义礼智,非由外铄我也,我固有之也,弗思耳矣。"(《孟子·告子上》)我们的道德追求,来自于内在,只要身不离道,随时保持正心、正念,念念存天理就是在修身,就是在涵养品德。只有从心上或源头上用功,让良知彰显、智慧、品德才能如泉水一样溥博如天,渊泉如渊。"正心"作为中华传统文化之精髓,历代圣人之心传,是让人摆脱被物质奴役、异化,确立内在的价值体系,在洪流中站稳脚跟的定海神针。"正心"对指导今天的人们完善人格、和谐家庭、化民成俗具有历久弥新的价值。

第二章　八德——人格养成的支柱

班固说:"夫唯大雅,卓尔不群。"(《汉书·景十三王传》)只有真正明道的人,才能不随波逐流,而依靠自己的品德站立起来。塑造品德,首先要让我们的心灵不荒芜,而让心灵不荒芜的有效办法就是使传统美德深入人心,外化于行。在我国传统伦理道德的发展过程中,人们把做人、做事应该遵循的道德总结提炼为八个字,即孝、悌、忠、信、礼、义、廉、耻这"八德"。孝、悌、忠、信,是正心诚意的内在修为;礼、义、廉、耻,是个人修为的外化。明代的姚舜牧在家训《药言》中指出:"'孝悌忠信礼义廉耻',此八字是八个柱子。有八柱始能成宇,有八字始克成人。"姚舜牧将孝、悌、忠、信、礼、义、廉、耻"八德"看作"成人"的支柱,也是一个人从孩童到成人必须经过的修养历程。

第一节　行孝悌:道德养成的基础

《说文解字》云:"孝,善事父母者。从老省,从子。子承老也。"孝,上面是"老"的省略,下面是"子",说明的是父母和子女的关系:子女要善事父母,要尽心奉养父母,此奉养一定是发自内心,出于真情实意的。同时许慎也说,孝有子承续父母的意思,具体来讲就是子要继承父母好的德行、事业和志向。《论语·学而》中"三年无改于父之道，可谓孝矣"，正表达了这个层面的意思。

《说文解字》云："弟，韦束之次弟也。从古字之象。"强调的是一种次序，特别是兄弟之间的次序。儒家认为，"家齐而后国治，国治而后天下平"，齐家以后方可治国平天下。因此，在家庭内部，兄弟们之间相互亲善，为兄长者爱护弟妹，为弟妹者尊敬兄长，这是家庭乃至家族和谐相处的必然要求。

在《论语》中，有诸多关于"孝"与"弟"的论述。如有子曰："其为人也孝弟，而好犯上者，鲜矣；不好犯上，而好作乱者，未之有也。君子务本，本立而道生。孝弟也者，其为仁之本与。"（《论语·学而》）有子，名若，字子有，孔门"七十二贤人"之一，孔子去世以后，深受孔门弟子的敬重。他指出，"孝弟"乃为仁之本。孝，指的是对父母尊敬奉养之爱；弟，指的是兄弟姊妹间的爱，这种爱可以扩充至朋友之间。

一、德乃人之本，孝为德之先

孔子晚年回到鲁国之后，鲁哀公常向其请教治理国家的方法。如《礼记·中庸》有"哀公问政"、《说苑》有"鲁哀公问政于孔子"等记载，虽然孔子每次的回答都不一样，但却离不开为政在人、政在得民，而得人与得民，是与德行紧密相关的。所以，孔子认为治国之良方还在修身。

> 子曰："立爱自亲始，教民睦也。立敬自长始，教民顺也。教以慈睦，而民贵有亲；教以敬长，而民贵用命。孝以事亲，顺以听命，错诸天下，无所不行。"（《礼记·祭义》）

孔子认为，树立仁爱之心要从爱自己的父母开始，这样就可以教民众和睦；树立恭敬要从尊敬自己的长辈开始，这样就可以教民众顺从。教人慈爱和睦，民众就会认为亲人非常宝贵；教人恭敬，民众就会认为服从命令非常重要。民众既能孝顺父母，又能听从命令，让他们做天下的任何事情，没有不行的。如果做到了这些，那么，仁爱、诚敬就会洋溢在整个社会中，父慈子孝，兄友弟恭，处处都是正能量。

《孝经》云："夫孝，德之本也，教之所由生也。"孝乃德之本，教育孩子，教化天下，必以孝道为根为始。为什么孝是为人的根基呢？这是因为，父母给了我们生命，是这个世界上最爱我们的人，也是为子女付出最多的人。试想，如果一个人对父母没有孝心，也就没有了德之本，而要树立其他的美德，岂不是没有根基而空中建楼吗？这样的人生岂能有长远的发展？

孝乃人伦之本。中国的孝文化源远流长，自尧舜以来，它就是中华民族的基本价值观，影响着每个人的生活。上至天子，下到庶人，无人不言孝，无人不尽孝。可是，什么是孝？如何行孝？怎样做才是真正的孝？要弄明白这些问题，我们应该认真读一读《孝经》。《孝经》是我国历史上系统论述"孝"的经典文本，以孔子及其弟子之间对孝的探讨为中心，对孝之内涵、作用等进行了详尽论述，是指导人们行孝的行动指南。《孝经》以孔子与曾子师徒二人的谈话开始：

> 仲尼居，曾子侍。子曰："先王有至德要道，以顺天下，民用和睦，上下无怨。汝知之乎？"

所谓"至德要道"，就是至高无上的品行和最重要的道德。孔子问曾子,先代的帝王有其至高无上的品行和最重要的道德,能使天下人心归顺,人民和睦相处。人们无论是尊贵还是卑贱,上上下下都没有怨恨不满。你知道吗？在中国古代,学生对老师一般都是非常尊重的,当老师提出问题时,学生就会马上从座位上站起来回答。曾子站起来答道:"我还不够聪明,不知道老师指的是什么。"孔子接着告诉曾子:

　　　　夫孝,德之本也,教之所由生也。

　　孔子告诉曾子,这种至高无上的品德和最重要的道德就是孝。孝是所有德行的根本,也是所有教化产生的根源。说到教化,中国的传统文化特别讲求人文化成,讲求"传、帮、带",许多美德、品行、做法一代代传下来,在影响力的感召下,在榜样、标杆的示范作用下,化为每一个人的具体行动。

　　《吕氏春秋·孝行览》也突出了孝的重要性,视孝为"三皇五帝之本务,而万事之纪也",是"民之本教",可以使"百善至,百邪去,天下从"。《吕氏春秋》认为,天子的爱民、臣民的忠君,交友、勇战、治国的各种策略,乃至仁、义、礼、智、信等种种道德观念,都是以"孝"为基础的,同时也是孝道的推广扩充。

　　为什么说"孝"是"教之所由生也"呢？其实,这其中的道理,从"教"的造字结构上就能看出来。"教"字从攴从孝,上所施下所效也。施与效,首先得从孝开始,是由孝产生的教化。可以说,"孝"是教化的根源。

　　《孝经》通篇两千多字,字数并不多,若是将其整篇通读,我们会对"孝"有更深刻的理解。对于大多数民众而言,一提到孝,会非常自然地联系到孝敬父母。在当今的语境之中，这当然是没错的。但是，在古代，孝的意义并不仅限于此，它"始于事亲，中于事君，终于立身"。由孝敬父母生发，以事业平台作为实际价值的载体，最终功成名就、光宗耀祖。由此可见，孝，小可治家，中可治企，大可治国。个人可以由孝修身、齐家、功成名就，国君可以由孝而治天下。并且，在中国传统社会，随着专制制度的发展，由对父母的孝推演出对国君的忠，这是孝由家至国的扩大与推广。所以，《孝经·感应章》指出：

> 孝悌之至，通于神明，光于四海，无所不通。《诗》云："自西自东，自南自北，无思不服。"

对父母兄长孝敬顺从达到了极至，就可以通达于神明，光照天下，任何地方都可以感应相通。《诗经·大雅·文王有声》中说："从西到东，从南到北，没有人不想悦服的。"孝的作用真的会如此神奇吗？真的可以感应相通吗？

其实，孝存在三种不同的境界，即爱自己、爱职业、爱声誉。

爱自己就是保护好自己的身体，不自我伤害，也不要让别人伤害自己。因此，《孝经·开宗明义章》讲："身体发肤，受之父母，不敢毁伤，孝之始也。"为什么爱自己，保护好自己的身体是孝之始呢？我们知道，儿行千里母担忧。自从生下孩子后，孩子健康是父母终生的期盼。若子女保持不好自己的健康，就会使父母陷于忧虑之中，这就是不孝。

自爱除了对身体发肤的爱护，还要有从身体到心灵上的自爱，从身体上的健康到心理上的健康。需要敞开心扉，以足够的重视、关注、沟通，倾听来自内心的声音，更好地了解自己，更多地认识自己。需要注意的是，自爱并不是指脱离整体中的其他部分去观察自己，体验自己，以自我为中心，自以为是，而是要将自己作为整体的一部分来理解。在这个基础上，寻找与别人的共处之道，感知周围和自身的一切。自爱并尊敬他人，这是真正的自爱之道，是孝的开始。

爱职业。每个人在社会中生存，都得有立足于社会的能力，要依托于一定的组织，有一定的职业。无论从事什么工作，爱岗敬业，是社会对每一个人的要求。子女只有热爱自己的职业，才能积极地面对工作中的问题，不轻言放弃，充分发挥主观能动性，努力完成工作。稳定的生活与工作，可以使父母放心，而使父母放心，就是对父母的孝。

爱声誉。中华文化是一种"扬美名"的文化，中国人非常看重名声。古代先贤们历来都十分重视来自社会的荣辱评价，重视自己的身份和声誉。《论语·里仁》云："君子去仁，恶乎成名？"即是强调君子应该通过为仁为善来获得好的名声。从孝的层面来看，保养好身体，是孝之始，而"立身行道，扬名于后世，以显父母"（《孝经·开宗明义章》），则是孝之终。立身行道即修养自身，奉行道义。作为父母，总是"望子成龙，望女成凤"，儿女在外面做了一番事业，有所成就，是父母最荣耀的事情。所以，孝的终极意义是有所成就，父母为此感到光荣和自豪。也就是说，遵循天道，建功立业，留得好名声，并能光宗耀祖，这是孝的终了，是完满的、理想的孝行。

如此这般，再来看孝的意义，"始于事亲，中于事君，终于立身"，就把孝从开始到最终都贯穿成线了。始于事亲，开始于侍奉自己的父母，最终建功立业，功成名就，立身扬名，中间需要一个载体，就是工作的岗位、单位。在工作单位中尊敬领导，在岗位上有所成就，到这里孝的意义才全部展现出来。

在具体操作层面,如何做才是真正的孝呢?《礼记·祭义》云:"孝有三:大孝尊亲,其次弗辱,其下能养。"也就是说,孝敬父母有三个层次:大孝是使父母受天下人的尊敬,其次是不让自己的言行使父母受辱,最基本的是尽自己的力量养活父母。

《论语·为政》中记载:"子游问孝。子曰:'今之孝者,是谓能养。至于犬马,皆能有养。不敬,何以别乎?'"孔子之言,道出了在日常供养父母中如何行孝的问题。因此,供养父母,现代人一定要转变观念。子女仅仅做到供养父母的衣食'生行等日常所需,是不够的,孝必须要发自内心,要对父母时刻保持敬爱之心,而这种敬爱之心,源于对父母的"无违"。

"无违"是孝的一个重要原则。《论语·为政》中记载孟懿子问孝于孔子,孔子告之曰"无违"。随后,在孔子与弟子樊迟的谈话中,又详细指出,此"无违"指的是在父母有生之年,以礼侍奉他们,在他们去世之后,依礼来埋葬他们、祭祀他们。而在做这些事情的时候,内心要充满诚敬之意,这才是真正的爱,有爱的敬养才是孝。这种内心的诚敬之意,表现在脸上,那就是和颜悦色地去奉养父母。所以,在子夏向孔子请教何为孝时,孔子告之曰:"色难。有事,弟子服其劳;有酒食,先生馔,曾是以为孝乎?"(《论语·为政》)孔子认为,遇到事情,年轻人要替长辈去做;有了美酒和食物,要让长辈先享用,这就是"养"了,但这离"孝"的要求还很远,为什么呢?因为,在父母面前,时时处处能做到和颜悦色,实属不易。而这种"和颜悦色",恰恰源于父母对子女有着最天然的情感,最无私的包容;相反,子女对待父母往往是"肆无忌惮"。

《论语·为政》还记载,孟武伯问孝,孔子告诉他孝是"父母唯其疾之忧",就是说只让父母为了自己的疾病而担忧,而不再为其他的事情发愁。孟武伯是孟懿子的儿子，是一位少年贵族，这种纨绔子弟很容易干出各种荒唐事让父母操心，所以孔子告诫他，要孝顺就不要让父母为你生病以外的其他事操心。

综合起来看，孔子认为，孝的根本就是一个"敬"字。不做违反礼制的事情，就是使父母得到尊严，这是敬；把所有的事情都做好，不让父母担心，就是使父母受到尊重，这也是敬；而不仅仅能奉养父母，更能和颜悦色地让父母欣悦，这更是敬。所以，孝的关键在于能敬父母。其实我们今天讲孝道，应当提倡的是尊敬，而不是顺从。在儒家看来，顺从并不是孝道，因为父母也不是完人，也会犯错误，如果只是顺的话，就会放纵父母的错误，而最终使他们蒙羞，这样反而是做了不孝的事情。真正的孝道，是要对父母正确的方面"三年无改于父之道"，始终加以坚持；而对父母错误的地方，则要"事父母几谏"，指出他们的错误并予以补救。只有做到这样，才是真正的孝敬，因为只有这样，父母才能得到不仅是子女，还有社会的尊敬。这才是孝道。

在《荀子·子道》中，子路曾向孔子请教他的困惑，而这个困惑，也是关于"孝"的探讨。

子路问于孔子曰："有人于此，夙兴夜寐，耕耘树艺，手足胼胝，以养其亲，然而无孝之名，何也？"孔子曰："意者身不敬与？辞不逊与？色不顺与？古之人有言曰：'衣与！缪与！不女聊。'今夙兴夜寐，耕耘树艺，手足胼胝，以养其亲，无此三者，则何以为而无孝之名也？（意者所友非仁人邪？）"孔子曰："由志之，吾语女。虽有国士之力，不能自举其身，非无力也，势不可也。故入而行不修，身之罪也；出而名不章，友之过也。故君子入则笃行，出则友贤，何为而无孝之名也？"

一个人要有孝顺的美名，就要做到举止恭敬、说话谦虚、脸色温顺，还要结交仁德之人，从而做到在家能够忠诚厚道，在外和贤德之人交朋友，这样就会有好的名声。如果不修养品德，无论在内在外都不会有孝之美名。

总之，《孝经》对孝的具体要求、方法和内容都做了明确的规定，并且针对不同阶层的人，提出了不同的要求：天子如何行孝，公卿士大夫如何行孝，普通老百姓如何行孝，应该注意哪些问题，为什么要这么做，都有着详细系统的讲述。可以说，《孝经》是人们行孝的行动指南。自《孝经》成书到两汉隋唐之时，已有一百多人为它作过注。尤为重要的是，历代帝王看到《孝经》在维护与巩固政治统治秩序中的重要性，为了表示重

谁也不知道，生命会以何种形式开始

戊戌三月 胡乃永画

视并在全社会倡导孝道，多位皇帝都曾亲自为《孝经》作注，其中最有名的是唐玄宗李隆基的《孝经注》、清顺治帝的《御注孝经》，以及雍正帝的《御纂孝经集注》，到乾隆时修《四库全书》，也将其纳入其中。

二、孝是悌的基础，悌是孝的延伸

"兄弟睦，孝在中"（《弟子规》），父母儿女、兄弟姐妹之间的关系是家庭关系的核心。其中，"孝"是子女对父母的热爱、尊敬、奉养，"悌"则是在父母关系上的延伸，是处理兄弟姊妹同辈关系必须遵守的伦理规范。孟子说："不得乎亲，不可以为人；不顺乎亲，不可以为子。"（《孟子·离娄上》）如果儿子与父母的关系处理得不好，不顺从父母的心意，就不配当儿子，就失去了做人的资格。孟子还将"父母俱存，兄弟无故"（《孟子·尽心上》）看作人生三乐之一。同时，兄弟之间关系和睦，父母就不会担忧，整个家庭就会其乐融融，这也是对父母的孝。因而，我国历史上有着许多感人的手足情深的故事。

《宋史·苏辙传》记载：

> 辙与兄进退出处，无不相同，患难之中，友爱弥笃，无少怨尤，近古罕见。

苏轼超然达观，苏辙沉稳沉静，二人个性文风截然不同；但兄弟间的感情却十分深厚，世上罕见。特别是在公元1079年"乌台诗案"发生后，苏辙置自身安危于不顾，兄弟患难与共。在苏轼出狱时，苏辙去接他，见了面便用手掩哥哥的嘴，示意他以后不要再口无遮拦，谨防因言致祸。

在家庭关系中，父子关系凝聚着骨肉亲情，但是它的遗憾在于有始而无终,因为父母并不能伴随我们终老;夫妻关系虽然拥有炽热的爱情,但是它的遗憾在于有终而无始:而兄弟姊妹之间的关系,却是有始有终、没有任何遗憾的。因而,孔子经常告诫弟子:在家要孝顺父母;出门在外,要讲"悌道"。如今,独生子女家庭很多,没有兄弟姊妹的孩子,显得尤为孤独。但是,我们知道,要成就一番事业,没有兄弟朋友的支持是不行的。可是,如何解决这一困境呢?

其实,不仅仅是现在,即使在两千年前,有人也感觉到了孤独,那就是孔子的弟子司马牛。面对别人有兄有弟,司马牛忧曰:"人皆有兄弟,我独亡。"(《论语·颜渊》)面对他的忧虑,子夏告之曰:

> 商闻之矣:死生有命,富贵在天。君子敬而无失,与人恭而有礼。四海之内,皆兄弟也。君子何患乎无兄弟也?(《论语·颜渊》)

子夏认同"死生听之命运、富贵由天安排"的观点,他认为,作为君子,对待工作要严肃认真,不出差错;对待别人要辞色恭谨,合乎礼节。做到了这些,就会得到别人的认可,协调好与他人的关系,进而就会发现,自己身边到处都是好兄弟,又何必着急、忧虑没有亲兄弟呢?历史上管鲍之交、桃园结义,都展示了结为好朋友、好兄弟对成就一番事业的重要性,也成为文人学者们借此喻世的素材。"三言""二拍"的作者冯梦龙、凌濛初是非常具有道德心的人,他们自觉地以自己的作品作为敦伦促教的工具,在他们的著作中描绘了很多兄弟和睦的故事,来劝勉世人。同时,书中也写到了很多兄弟纷争的故事,希望世人以此为惩戒,从中吸取教训。

梁朝吴均在其《续齐谐记》中记载了这样一个故事:

京兆田真兄弟三人，共议分财。生资皆平均，惟堂前一株紫荆树，共议欲破三片。明日就截之，其树即枯死，状如火然。真往见之，大惊，谓诸弟曰："树本同株，闻将分斫，所以憔悴，是人不如木也。"因悲不自胜，不复解树。树应声荣茂，兄弟相感，合财宝，遂为孝门。

田真兄弟三人分家，在其他东西都分好后，决定把院子里的那棵荆树砍掉分成三份。第二天却发现荆树竟然在一夜之间枯死了。老大田真看后，惊讶地说出了"树本同株，闻将分斫，所以憔悴，是人不如木也"之语，令兄弟们倍感羞愧。所以，兄弟三人不再言分家之事，而院中的那棵荆树又枯而复荣。这个故事赋予了紫荆树非常丰厚的文化底蕴，后世就把紫荆树作为兄弟和睦、家和万事兴的象征，香港特别行政区的区旗就是紫荆花，也是基于这个内涵来说的。

当然，在历史的发展过程中，并不是所有兄弟间都能做到"悌"，因为争权、争利而兄弟相残、家破人亡的事情也时有发生。冯梦龙在其《喻世明言·滕大尹鬼断家私》中记载了一则关于倪氏兄弟纷争致家财落入他人之手的故事，冯梦龙在故事最后，以诗为戒，警示后人：

从来天道有何私？堪笑倪郎心太痴。

忍以嫡兄欺庶母，却教死父算生儿。

轴中藏字非无意，壁下埋金属有司。

何似存些公道好，不生争竞不兴词。①

————————————

① 〔明〕冯梦龙:《喻世明言》，华夏出版社2013年版，第120页。

倪氏兄弟的故事告诫我们，由于兄弟之间不肯遵守孝友的原则，而造成兄弟失和，犯了家庭的大忌，不仅失去了家庭的和谐与温暖，还让有心之人钻了空子，破败了家财。

清代曾国藩也指出："兄弟和，虽穷民小户必兴；兄弟不和，虽世家宦族必败。"(《曾文正公全集》)曾国藩一家是湖南的名门望族，曾氏兄弟个个能干，且很有个性。曾国藩是家里的老大，下面还有四个兄弟：老二曾国潢，是主管曾家内部事务的人才，曾家这个大家族的家务基本都由他打理；老三曾国华，是个恃才傲物的人，后来做李续宾的副手，阵亡于安徽三河；老四曾国荃，是曾家仅次于曾国藩的人才，也是中国近代外交史上的重要人物；老五曾国葆，也是湘军的重要将领，参加了一系列大战，最后病死在南京城下。对这些很有才干的兄弟，曾国藩以一个"和"字予以维持，以谦让来团结他们，从而使得家族兴旺，弟兄们也都各得其所。其实他们兄弟之间也不是没有纷争。据说有一次曾国荃找曾国藩谈心，突然给曾国藩提了很多意见。其中最重要的，是说曾国藩过于严肃和喜欢教训人，弄得兄弟之间总显得不太亲密。曾国藩不但没有驳斥，反而仔细倾听，并加以改善。这样兄弟之间的关系不但没有因为分歧而闹坏，反而更好了。但曾国藩的"和"是有原则的。曾国荃在攻下天京（今南京）后，生活变得奢侈起来，为人也显得傲慢无礼。对此，曾国藩写书直言斥责，劝他去除享乐之心，好好思考为官、为人之道。由此我们可以了解到，曾国藩的"和"，是兄弟之间要坦诚相待，情感上没有隔阂，思想上可以自由交流；而在是非问题上，仍要清楚明白。正是有了"和"，曾家才能兴旺起来；也正是因为不失原则，曾家才能出大人才。

现在也许有人会说，今天很多人都是独生子女，没有了一母同胞的兄弟姊妹，那也就不存在友爱兄弟的悌道了吧。其实，我们不能狭义地来看待悌道,悌还应该包括友善堂兄弟和表兄弟,更要把它扩充出去,同学、同事、朋友……都可以成为我们友爱尊敬的对象。一个健康、和谐、友爱的人际关系与朋友圈,会对我们的身心健康与个体发展起到非常大的帮助。况且,随着"二胎"政策的放开,"悌道"又开始具有现实意义。所以说,兄友弟恭的"悌道"精神对于我们每个人而言都是一笔宝贵的精神财富,值得我们学习。我们应该把它发扬光大,作为建设社会主义精神文明的一部分。

当年孔子施教,"先之以诗书,导之以孝悌"。从孝悌入手,进行人格与品德的培养,只有这样才能化民成俗。《礼记·大学》云:"孝者,所以事君也;弟者,所以事长也;慈者,所以使众也。"父慈子孝,兄友弟恭,家庭关系才能和谐,而作为社会的细胞,家庭和谐了,社会也就稳定了,这是自然而然的事情。所以,《论语·为政》中孔子说:"《书》云:'孝乎惟孝,友于兄弟,施于有政。'是亦为政,奚其为为政?"当有人对孔子说:"你为什么不参与政治呢?"孔子说:"《尚书》中说:'孝敬父母,友爱兄弟,将这种风气影响到卿相大臣。'这也是参与政治,为什么一定要做官才是参与政治呢?"在这种传统伦理观念的影响下,中华民族许多家庭形成了父慈、子孝、兄友、弟恭的美好道德风尚。在家孝顺父母,外出顺从兄长,言行谨慎而诚信,博爱大众,并亲近有仁德的人。

《孔子家语·相鲁》中记录了孔子出任中都宰时治理地方的做法。他按"孝乎惟孝,友于兄弟"方法,首先从日常生活的方方面面入手,"制为养生送死之节:长幼异食,强弱异任,男女别涂,路无拾遗,器不雕伪。……行之一年,而西方之诸侯则焉"。由于这些行为取得了非常好的效果,以致各国诸侯都学习他。鲁定公听说后,问孔夫子:"学子此法以治鲁国,何如?"孔子非常自信地回答他,用它来治理天下都可以,何况是治理鲁国呢！其实,从这些内容我们可以看出,孝悌是维系家庭关系和谐的基本伦理规范,也是治理天下最重要的基础,在"家国同构"的社会里,齐家方可治国平天下。

为官一任,主政一方,这自然是为政的一种重要方式,但并不是唯一的方式。真正令政治有序有效进行,并使民众产生强烈共鸣的为政方式,或许还是将最热切的视线投放到平凡的日常生活中,并对此持有正确态度和价值取向的人和事儿吧。因此,孔子赋予为政更为宽泛的概念。

孔子认为,为政不只是专注于政治治理本身,不限于权力的象征与运用,它更是实实在在地关乎衣、食、住、行,关乎人情往来的集聚,关乎如何和谐共处于同一屋檐下,汇集于同一空间中。日常生活是主场,百姓是主角。自然而然,最基本的生活之道都出于孝亲,出乎友情。亲亲为大,四海之内皆兄弟,引导并推广此种风气,功莫大焉。这才是真正的为政。

第二节　守忠信：畅行天下的保障

在了解了"孝悌"乃为仁之本,也是齐家治国的基础之后,我们就会想,"孝悌"主要表现在家庭内部成员之间,虽可对外扩展,但外部的人际关系较之家庭内部,还是有质的区别,我们能否找到一种理念,可以畅行天下呢？其实,早在两千多年前,孔门弟子就曾探讨过这个问题。如《论语·卫灵公》中记载：

　　子张问行。子曰："言忠信,行笃敬,虽蛮貊之邦,行矣。言不忠信，行不笃敬，虽州里，行乎哉？立则见其参于前也，在舆则见其倚于衡也，夫然后行。"子张书诸绅。

子张，"孔门十二哲"之一。他好学深思，喜欢与孔子讨论问题，《史记·仲尼弟子列传》中就有关于子张问"干禄"、问"达"、问"善人之道"等的记载。其为人严肃勇武，清流不媚俗，主张"士见危致命，见得思义，祭思敬，丧思哀，其可已矣"（《论语·子张》），是孔门中道德修养很高的一位，尤其是他在"忠信"问题上深受孔子的影响。

面对子张关于如何做才能处处行得通的请教，孔子告诉他，要想通行于世，离不开自己的一言一行。这一言一行要奉行的原则就是"说话要忠信，行事要笃敬"，做到了这些，即便是在蛮夷之地也能行得通。反之，就是在熟悉的本乡本土，也是行不通的。所以，要时时刻刻将忠信铭记于心。站立时，就好像看到"言忠信，行笃敬"在眼前；坐车时，就好像看到这几个字刻在车辕前的横木上。这样，自然会四处行通。子张对孔子所言极为重视，把它写在了腰间的大带上。

"信"是人们立足于社会的根基，"民无信不立"（《论语·颜渊》），那么，"忠信"是指什么呢？要真正弄清楚什么是"忠信"，我们首先要了解何为"忠"。如果仅仅把"忠"理解为下级对上级的忠心，则太狭隘了。在历代文献中，学者对"忠"的解说颇丰。许慎在《说文解字》中解释："忠，敬也。从心，中声。"段玉裁则进一步解释说："敬者，肃也。未有尽心而不敬者。此与慎训谨同义。尽心曰忠。"由此可见，忠是内心的诚敬，能尽己心为忠，就是把自己内心之诚完全地展现出来。

一、尽己之谓忠

曾子曾经说过："夫子之道，忠恕而已矣。"（《论语·里仁》）面对门人对孔子所言"吾道一以贯之"的不解，曾子曾用"忠恕"二字概括"一以贯之"之道。虽然学界对曾子所言存在不一致的观点，但从孔子整个思想体系来看，无论是其政治思想、伦理思想、教育思想，还是他关于天、地、人之论述，都离不开"忠恕"二字。从这个意义上来说，曾子对夫子之道的概括，是正确的。

"忠"在《论语》中出现多次，大体都是尽心尽力、竭尽所能之义。从字形上，"忠"字从"中"从"心"，是说心里要装着"中"，把握"度"，就是不偏不倚，既不能"过"，亦不可"不及"。"忠"更是不能失去本心，要忠于自己的本心。

"忠"是发于人内心的诚敬，自己应该做的事情，别人所托付的事情，只要符合道义和人情，都应该尽自己的心力去完成，而不是被自己的私心杂欲所干扰。所以曾子"三省"之一有"为人谋而不忠乎"（《论语·学而》），朱子在解释"忠"的时候讲到"尽己之谓忠"（《论语集注》），也是这个意思。孔子讲到"君使臣以礼，臣事君以忠"（《论语·八佾》），说明为人臣，要对君主忠，就是要尽心尽力。在现代社会，我们对国家要忠，对人民要忠。在工作时，要尊重上级，忠于职守。对亲人、朋友所托之事，要尽心尽力去做。

一要顺承天道。《周易·乾卦》云："大哉乾乎，刚健中正，纯粹精也。"天地之德，刚健、中正，作为天地万物之精华的人，要尊重天地，同时也要仿效天地。所以，天地之德成为中国先民力量的源泉。

先秦的典籍中，有大量对于天地之德的歌颂与赞美。为什么要重视天道？"以孔子为代表的先秦创始儒家虔诚地援引、敬畏、循行'天道'，其根本目的在于张扬‘人道’，促进天人关系、人我关系和个体身心的和谐发展，支持人性本心的终极关怀。"①

儒家认为，作为道德的主体，人的修身行为是自觉的，"我欲仁，斯仁至矣"（《论语·述而》），但也受一定条件的限制，要"尽人事，听天命"。此处之"尽"字，便突出了"忠"的尽己之意蕴。在"尽己"思想的支配下，儒家通过"反求诸己"的行为，以不怨天、不尤人之精神，维持着对道的坚守。

由成身到天道，就是在表达一个人自我成就的标准和行动。其实一个人的自我成就没有统一标准，但是不同的岗位与使命则有着相对确定的内容。一定要讲，还是要看天、看地，在天地自然中得到启发。顺应之，也就是顺应天道。天道的"不已"彰显着"自强不息、全力以赴"。天道的"东西相从"、"不闭"昭示着开阔的心胸，对于他人他物的欣赏，以及对于生命的感知和尊重。"无为而物成"就是"毋意，毋必，毋固，毋我"（《论语·子罕》）。自己的那个"小我"不是成就的标准，应使其依顺本性，顺应时代，成就一个更有意义的"大我"。最终"不过乎物"，就是"量力而行"。真正的成身是一个"大我"的成就，是一个"仁以为己任"，顶天立地、无愧天地之心的成就，这就是天道。因此老子说：

> 天长地久。天地所以能长且久者，以其不自生，故能长生。是以圣人后其身而身先，外其身而身存。非以其无私邪？故能成其私。（《道德经》七章）

---

① 李丽丽、王凌皓：《教育视阈下先秦创始儒家的天道观》，《社会科学战线》2010年第5期，第214页。

与孔子所讲的天道"贵其不已"有异曲同工之妙。生生不息而又不自恃有功。不自生，能长生；外其身，而身存；后其身，而身先；无私，能成私。人若是到了这个境界，就与万物融为了一体。由此看来，人生境界不是虚幻，而是真的可以实现。

二要忠于己心。王阳明提出"良知之学，知行合一"。他认为，人内在的良心像一个忠诚的小卫士，全天候监督着自己，能不能做到"良知之学，知行合一"，取决于一个人信奉怎样的价值观，而不仅仅受制于社会成员的互动、周边人际环境的影响。一个人做到了坚守价值观，不受外界影响，就离"慎独"不远了，就会忠于己心。

忠于己心，方能在为人处世中发于己心，达于己心，安于己心。《论语·阳货》记载：

> 宰我问："三年之丧，期已久矣。君子三年不为礼，礼必坏；三年不为乐，乐必崩。旧谷既没，新谷既升，钻燧改火，期可已矣。"
>
> 子曰："食夫稻，衣夫锦，于女安乎？"
>
> 曰："安。"
>
> "女安，则为之。夫君子之居丧，食旨不甘，闻乐不乐，居处不安，故不为也。今女安，则为之。"
>
> 宰我出。子曰："予之不仁也！子生三年，然后免于父母之怀。夫三年之丧，天下之通丧也。予也有三年之爱于其父母乎？"

孔子与弟子宰我关于三年之丧的讨论，主要落实到一个"安"字上。面对宰我所言"三年之丧，期已久矣"的问题，孔子回以"女（汝）安，则为之"。这并不是说宰我认为心安就可以去做，而是对他的责备，希望他能够反求诸己而得其本心。

《论语·雍也》中的一句话,虽然没有出现"忠"字,但谈的恰恰就是忠:"夫仁者,已欲立而立人,已欲达而达人。"朱熹曾对忠恕有一个经典的解释,他说:"尽己之谓忠,推己之谓恕。"并将"己所不欲,勿施于人"视为恕道,"已欲立而立人,已欲达而达人"视为忠道。他的这个解释是很到位的。恕道,是我们不愿意别人来伤害自己,所以我们就应当不去伤害别人;而忠道,则是我们都希望别人对我们好,所以我们也应当对别人好。这正是孔子回答子贡问题的时候说的。子贡问孔子:"如果有一个人能够广泛地施恩于老百姓,而使大家生活得很幸福,那么他可以说是仁了么?"孔子说:"何止是仁啊,他简直是个圣人了!尧舜恐怕都还没有做到呢。所谓的仁者,就是自己要立得住,也让别人立得住;自己行得通,也让别人行得通。能够就近选择事例去效法,就是实践仁的方法了。"孔子认为能广泛地爱天下之人并使天下人都幸福,那不是一般人能做到的,能做到这个地步的,是圣王。而对一般人来讲,忠的道德就是自己想要的也让别人能得到。这里需要注意一点,孔子说的"已欲立而立人,已欲达而达人",并不是说我想要的就一定要别人也得到,而是说我想要的同时也不妨碍别人去得到它,并努力帮助别人得到它。这里的立人、达人,都不是强迫意义的,而是遵从对方意愿的一种辅助行为。这个区别很重要,因为如果将"已欲立而立人,已欲达而达人"理解为自己想要的就一定要让别人也这样,那么就成了对别人的强迫,反而是不道德了。

可见,孔子这里所讲的忠道,就是要我们在不妨碍他人的情况下,也达到我们想要达到的、得到我们想要得到的,并帮助他人达到、得到。也就是说,我们要学会成人之美,因为成就他人的同时,也是对自己的一种成就。这种成就不仅仅是功业上的,更是心灵上、道德上、人格上的,是真正的成就。所以孔子说能做到"已欲立而立人,已欲达而达人"的就是仁者了。恕道是一个人成为人的基本,而忠道则是一个人成为仁者的要求。

总之,忠就是能尽心竭力,能正此心而实行之。忠作为八德之一,是人格养成的重要组成部分,忠就是能正心而力行之,是由内而外、内外统一的德行。

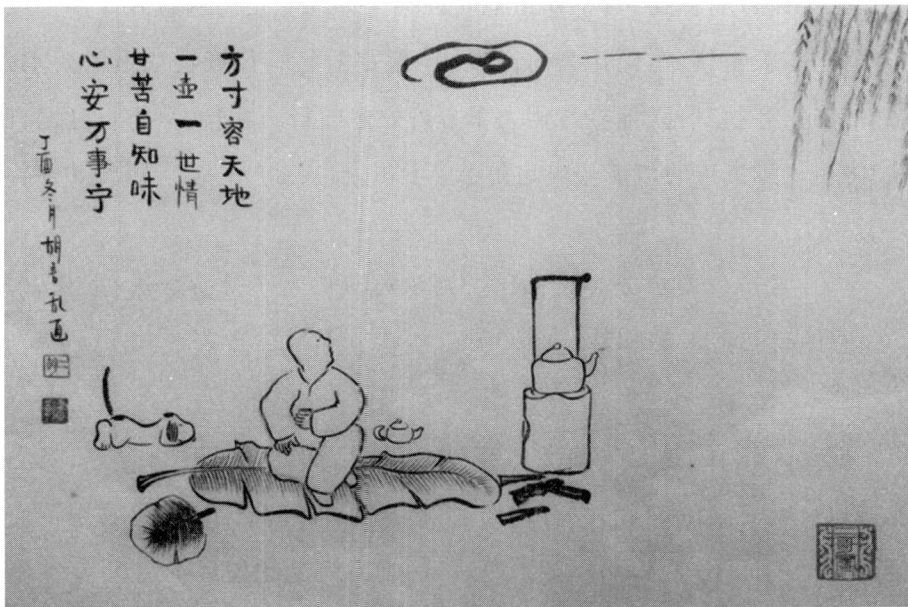

二、信则人任焉

许慎《说文解字》云:"信,诚也。从人从言。"信的本义是诚实,人出言则要信实,言必由衷。人无信不立,信是仁、义、礼、智、信"五常"之一,是守仁义礼智四者而不失,信实而行之。

孔子非常看重"信"在人的道德修养中的地位,以"文、行、忠、信"(《论语·述而》)教弟子,并说:"笃信好学,守死善道。"(《论语·泰伯》）"人而无信，不知其可也。大车无輗，小车无軏，其何以行之哉？"（《论语·为政》）"輗"是牛车辕前横木两端的木销，拉货物的牛车没有木销，则横木不能连接，如此就无法套牛行进；"軏"是马车辕前横木两端的木销，载人的马车没有木销，则横木不能连接，如此就无法套马行进。做事情贵在"礼可守，信可复，迹可履"，关键是在行动。否则，说得再多又有什么用呢？因此，孔子用驾车作比喻，说明"信"的重要性。孔子认为："人如果没有诚信，真不知道他在社会上如何立足。这就好像牛车没有輗，马车没有軏，车凭什么前行呢？"信是对每一位社会成员的要求，各守其道，各执其信，社会这辆大车方可安然前行。并且，只有自己奉行信，方可得到真正的信任。因此孔子弟子子夏说：

> 君子信而后劳其民；未信，则以为厉己也。信而后谏；未信，则以为谤己也。（《论语·子张》）

取得了信任，这是安排百姓工作的基础，如此才有政行令止，且心悦诚服。反之，如果自己没有诚信，"身不用礼而望礼于人，身不用德而望德于人"（《孔子家语·颜回》），容易成为祸乱的根源。可见，在《论语》中，"信"有两层含义：一是受人信任，二是对人有信用。人生活在群体中，与人相处时，得到别人的信任十分重要。《论语》记载弟子问孔子如何治国，孔子说要做到三点："足食"，有足够的粮食；"足兵"，有足够的军队；还要得到百姓的信任。弟子问，如果不得已必须去掉一项，应去掉哪一项呢？孔子回答："去兵。"弟子又问，如果还必须去掉一项，应去掉哪一项呢？孔子说："去食。民无信不立。"可见，在孔子看来，得到百姓的信任比什么都重要。治国如此，做其他事何尝不是如此。如果得不到别人的信任，则什么事都办不成，无论大事小事都是如此。因此，人必须有"信"。

子夏认为，君子对下属或老百姓，必须先取得他们的信任，才能去役使他们，否则下属或老百姓就会以为是在虐待他们；要先取得上级的信任，然后才去规劝，否则，就会被认为是在诽谤他。君子使下需要"信"，君子事上同样离不开"信"。取得信任，有了感情基础，谏言才容易被接受。同样，虽是肺腑之言，但彼此间如果没有信任，没有情感基础，就难以入耳，且易被误会为"诽谤之语"。信任的根基是自己讲求诚信。老子言"夫轻诺必寡信"（《道德经》六十三章），不要轻易透支自己的信任指数。明朝刘基所著的《郁离子·贾人》中记载了这样一个故事：

> 济阴之贾人，渡河而亡其舟，栖于浮苴之上，号焉。有渔者以舟往救之。未至，贾人急号曰："我济上之巨室也，能救我，予尔百金。"渔者载而升诸陆，则予十金。渔者曰："向许百金，而今予十金，无乃不可乎？"贾人勃然作色曰："若渔者也，一日之获几何？而骤得十金，犹为不足乎？"渔者黯然而退。他日，贾人浮吕梁而下，舟薄于石，又覆，而渔者在焉。人曰："盍救诸？"渔者曰："是许金而不酬者也。"立而观之，遂没。

作者认为，商人两次翻船而遇同一渔夫这事是偶然的，但商人言而无信，最终失信于人，别人不再出手相救这事却是迟早要发生的。因为一个人若不守信，便会失去别人对他的信任。所以，一旦他再次身处困境，便再也不会有人愿意出手相救。失信于人者，一旦遭难，只有坐以待毙。这与"狼来了"的寓言故事一样发人深省。

诚信是人生的一笔财富,是人生的智慧,是人类沟通的桥梁。自古以来,诚信就是中华民族的传统美德。战国时期卫国的政治家、军事家吴起守信的故事,可谓家喻户晓。吴起请朋友吃饭,朋友却迟迟未至。他却信守诺言,直到第二天派人把朋友请来同餐共饮。从这件小事中,我们看到的不仅是一个守信的人,更是一种传统美德的真实体现。

　　通过这两则故事的对比,我们可以看出:一个是因言而无信而命丧黄泉;一个是因信守诚诺而得到他人的认可,成就了一番事业。可见,诚信对于一个人的重要性。只有做到诚实有信,才能得到大家的尊重和认可。反过来,如果贪小便宜而失信于人,表面上看是得到了"实惠",但却隐藏着祸患。

　　可是,我们怎样做才是"信"呢? 孔子告诉我们,要"先行其言而后从之"(《论语·为政》)。想说什么的时候,最好先去做,做过之后再说出来。此处是孔子针对子贡问君子而做出的回答。子贡在孔门弟子中以"言语"擅长,曾经凭着三寸不烂之舌战胜千军万马,使齐国混乱,从而保存了鲁国的实力。恰是因为子贡擅长言语,孔子更是要告诫"先行其言而后从之",应该多做少说,不讲空话,多做实事,言行一致。

　　孔子还说,"忠信以为甲胄,礼义以为干橹"(《礼记·儒行》),一个人的忠信如同盔甲,可以使人免于祸殃。《孔子家语·致思》记载,孔子从卫国返回鲁国的途中,见到了高达三十仞、流下来翻腾回旋的水流,这是一段长达九十里长的瀑布,鱼鳖不敢过去,鳄鱼不敢停留,却有一男子正准备过去。孔子急忙让人去劝阻,但该男子却不听,遂游了过去,并安全出来。孔子于是问:"子巧乎? 有道术乎? 所以能入而出者,何也? "丈夫对曰:"始吾之入也,先以忠信;及吾之出也,又从以忠信。忠信措吾躯于波流,而吾不敢以用私,所以能入而复出也。"此人认为,面对如此危险的瀑布,自己之所以能安全地出入,完全凭借一颗忠信之心。忠信之心使他置身于急流之中,而不敢有一点私心。听了此人的话,孔子对弟子说:"二三子识之,水且犹可以忠信成身亲之,而况于人乎!"

孔子意识到忠信在理想人格养成中的重要性,以此谆谆教导学生,要做一个守忠信之人,这就是内在必须有的道德品格。总而言之,人格修养当从"孝悌"、"忠信"切入,学会做人之道、做事之道,才能成为一个合格的人。孝悌忠信注重的是人内在品德的养成,这个品德养成巩固好了,如果还有别的精力和时间,才可以学习其他的技艺。如今,我们一说到素质教育,有人就会想到兴趣班上的下棋、弹琴、画画。其实,素质教育的本质应该是人的品德教育,品德素质教育应优先于其他技能的教育。

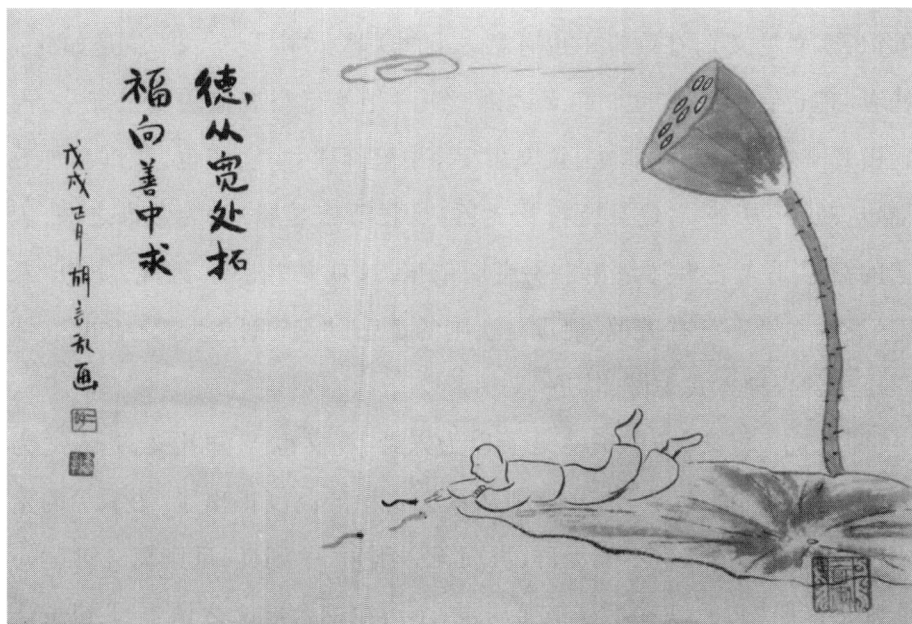

德,从宽处拓
福向善中求

戊戌正月 胡言礼画

第三节　明礼义:人格光辉的彰显

修身是为了做更好的自己,只有修养好自己的品德,才能更好地处理好与他人、社会、国家以及自然环境的关系,做一个合格的"社会人"。因此,人们应该自觉地把自己放在社会大系统中,自觉遵守社会行为规范,而"礼义"正是这样的社会规则。

在亚圣孟子的故里有孟府,进入孟府的亚圣门,就会看到有一道大门,门上方高悬"礼门义路"的横匾,在两扇门中,左侧的门上贴着一个大大的"礼"字,右侧的门上贴着一个醒目的"义"字,从而突出了礼义的重要性。

"八德"之中的"礼",不仅有人内在的礼的德性,即辞让之德,同时又包含具体的仪式和规则。"义"也是人内在的一种德性,体现在具体的行为上就是要恰当适宜。中国汉字很奇妙,它在字形上有时可以"视而可识,察而见义",在读音中也有意思上的关联。"礼"与"义"就是如此:礼者,理也;义者,宜也。广义地讲,"礼"是德行与规范的有机统一,内涵极其丰富宽泛。许慎在《说文解字》中解释说:"礼,履也,所以事神致福也,从示,从豊。"豊是所行礼之器,足之所依是履,此为假借之法,表达的意思是人之事神祭祀也要有所依据,这就是"礼"。因此,作为"八德"之一的"礼",有道理、规章与法则的意思。"义"则是"事之宜也",按照事情的合理方式去做,就是"义"。

《礼记·冠义》云:"凡人之所以为人者,礼义也。"知礼义,是人之为人的必备条件。《荀子·王制》则从社会安稳的高度提出了"礼义"的重要性。其中说:"人生不能无群,群而无分则争,争则乱,乱则离,离则弱,弱则不能胜物,故宫室不可得而居也,不可少顷舍礼义之谓也。"荀子认为,人要想生存,就不能离开社会群体,但社会群体形成后,没有等级名分的限制就会发生争夺,发生争夺就会产生动乱,产生动乱就会离心离德,离心离德就会使力量削弱,力量弱了就不能胜过外物,从而难以安居。因此,人不能片刻舍弃礼义。为人,首先要懂礼义,而要懂礼义,就要从养成最基本的行为习惯做起。恰如《礼记·冠义》所言:

> 礼义之始,在于正容体,齐颜色,顺辞令。容体正,颜色齐,辞令顺,而后礼义备。以正君臣,亲父子,和长幼。君臣正,父子亲,长幼和,而后礼义立。

孔子说"忠信以为甲胄,礼义以为干橹",是以忠信为盔甲,把礼义当盾牌。具有了忠信的修养,再遵守社会的礼义,一个人的修身功夫就差不多了。所谓"器利则事成",人只有把"礼义"作为器具,做事才成效可期。这里的"礼义",可以理解为"礼"的本质,也可以理解为"礼"与"义"。

"礼"的内涵与外延非常广大,是天下万物存在的道理。个人、家庭、乡里、社会、天地自然无一不存在"礼",万物都应明其礼、守其礼。礼,可以分为"仪"和"义"两个大的方面。礼之仪即指礼的礼节和仪式,如人与人见面应持有的礼节、各种祭祀仪式等。人若不懂礼,则会"手足无所错,耳目无所加,进退揖让无所制"(《礼记·仲尼燕居》)。可见,礼仪是人们在社会立足的一种必备的品质。《诗经·国风·相鼠》是一首专门讽刺无礼的诗:

> 相鼠有皮,人而无仪。人而无仪,不死何为?

相鼠有齿，人而无止。人而无止，不死何俟？

相鼠有体，人而无礼。人而无礼，胡不遄死？

　　此诗的作者认为相貌丑陋的老鼠都能皮毛完整，以此讥讽那些不知礼的人。其实，在礼"仪"的背后，是礼的精神与本质，即"礼之义"、"礼之本"。儒家以仁释礼，提出了"人而不仁，如礼何"（《论语·八佾》）之说，荀子亦提出"人无礼则不生，事无礼则不成，国家无礼则不宁"（《荀子·修身》）的思想。我们应汲取先人的智慧，做知礼、懂礼、践礼之谦谦君子，维护国家安宁。

　　一、仪者，礼之文

　　礼之仪，即礼的外在表现，包括"礼俗"、"礼法"、"仪礼"三大部分。

　　关于礼俗，杨朝明在其《鲁国的礼乐传统研究》一文中提到："礼俗，也就是社会习俗和道德习惯。礼乐文化并不等于礼乐制度，礼乐文化的外延较礼乐制度更宽泛一些。礼乐文化多表现为人们自觉的循礼行为，积久而成为风俗，即'礼俗'。'礼俗'产生社会群体自发的生活实践。与程式化的礼仪相比，它更为普及。礼俗不仅流溢于社会的上层，在民间也得以广泛推及，这种流于民间的礼俗具有超稳定性。古代生活领域中的礼被周人因循守旧的传习下来，社会生产和交换中也有许多礼俗成为后来礼俗的先行。比如'藉礼'，在原始社会末期的氏族公社中就已产生，表现为族长和长老组织生产活动时主持的一种仪式。这种'藉礼'可能就是周天子举行'藉礼'时要带头耕作的耕田仪式的发端。确切地说，夏、商旧礼是遗留于周人旧礼之中，并逐渐融为一体的"①。日积月累，

① 杨朝明：《鲁国的礼乐传统研究》，《历史研究》1995年第3期。

礼俗亦由人们的自觉化行为走向系统化。系统化的礼俗在百姓中更有可执行性,甚至产生约束的力量,具有法律的性质。如《礼记·王制》就详细表述了礼俗系统化的内容:"六礼(冠、昏、丧、祭、乡、相见)"、"七教(父子、兄弟、夫妇、君臣、长幼、朋友、宾客)"、"八政(饮食、衣服、事为、异别、度、量、数、制)",这些礼俗通达于人们日常行为、社会生活的方方面面。

礼法可以理解为礼的规则、法则。根据德的要求,"立言垂法",于是就有了礼法。礼法是一套完整、系统的政治体系,成为衡量为政之方的天秤、绳墨、规矩。有了系统的礼法,所有的事情就都一目了然,有了是非标准。这套礼法的系统性表现在方方面面。如《礼记·王制》所讲到的"职官、班爵、授禄构成的官僚等级体系;土地制度、关税制度、行政区划制度、刑律体系、朝觐制度、(国家)祭祀制度、自然保护制度、贵族丧祭制度、学校养老制度等,即传统所谓的'典章制度'"①。

礼法与法制有所不同,礼法包含法制,法制又包括刑罚,礼法相较于法制多了几分温柔的情性。礼的目的是"领恶而全好者",治理坏的而保全好的。如果讲法律,则是个底线,触犯法律,就必然要受到刑罚的处置。因此,礼法的作用在于引寻积极的行为,有礼在先,做出示范。刑罚为事后行为,使人引以为戒;而礼法则是事前行为,就像将羊圈重新加以修整,使其变得更加牢固一样。因此,先王在百姓有所失的时候,首先是从"礼"上去找原因。说到底,就是丢了羊要从源头上解决问题。治理由"礼"开始,以"礼"贯穿,正视结果又会追溯至"礼"的源头。

仪礼,包括仪式和行为规范。仪式是礼的一项重要内容,亦是实现礼的重要载体。仪式的作用不仅是实现礼,同时是将礼法提到"形而

① 马建兴:《丧服制度与传统法律文化》,知识产权出版社2005年版,第47页。

上"的精神层面，又以"形而下"的礼器、威仪等通达于百姓世人。其中，有些仪式贯穿于人一生的重要节点，如"冠礼"、"婚礼"、"丧礼"等；而有些仪式还贯穿于年月的重要节点，如"秋祭"、"郊祭"、"蜡祭"等。仪礼还包括人的仪容仪表，行为规范，一言一行，一举一动。如为人子之礼：

> 冬温而夏凊，昏定而晨省，在丑、夷不争。……见父之执，不谓之进不敢进，不谓之退不敢退，不问不敢对，此孝子之行也。(《礼记·曲礼上》)

与老师一起出行之礼：

> 从于先生，不越路而与人言。遭先生于道，趋而进，正立拱手。先生与之言则对，不与之言则趋而退。从长者而上丘陵，则必乡长者所视。登城不指，城上不呼。(《礼记·曲礼上》)

《礼记》中关于行为规范的"仪礼"不胜枚举，真可谓"礼仪三百，威仪三千"，从而延伸出人与人之间相互交往的原则和方式，如礼尚往来，礼从俗。

当然，礼仪之所以重要在于它背后体现的礼的精神，也就是在细节中体现的伟大。正如荀子所说："人无礼，则不生；事无礼，则不成；国家无礼，则不宁。"(《荀子·修身》)做任何事情，都要以礼为依据，否则都会做不成。小到做人，大到治国，都是如此。在做人和办事等方面，"食饮、衣服、居处、动静，由礼则和节，不由礼则触陷生疾；容貌、态度、进退、趋行，由礼则雅，不由礼则夷固僻违庸众而野"（《荀子·修身》），没有礼仪的生活是不可想象的。当今社会虽然已经抛弃了很多旧时代的繁复礼节，但任何场合也还是有礼仪的，如果不遵守或者不懂得礼仪，就会闹笑话、犯错误。同时，治国也要重视礼，因为礼是人本性需要才产生的。人一生下来就有很大的欲望，欲望不能得到满足，就会去追求。而这种追求如果没有界限，就会产生纷争。纷争便会导致混乱，混乱就会使群体贫穷。所以古代的圣王十分厌恶这种情形，便制定了礼来对人群进行限制，从而使物品得到合理的流通，国家与社群免于混乱。亦即对有限的资源进行合理的分配，对不同的人群进行恰当的分配，这样就能让国家不至于陷入贫穷，民众不会陷入争斗。所以，国家要治理得好，礼是非常重要的。

二、礼以行义

无论是礼俗、礼法，还是礼仪，还是"威仪三千"，都在表达义，昭示着"形而上"的价值体系。

首先，仁爱感念之心是礼义的起源。礼的根本在于人的仁爱之心，故孔子言"人而不仁，如礼何？人而不仁，如乐何？"（《论语·八佾》），突出了仁心才是守礼之本。

礼有内外，内本之于仁，外在于仪节周恰、器物完备，但是在内若无诚敬之心，则不足取。外在形式俭朴，但其诚敬之心已致，虽然失于俭朴，其大本未失。丧礼置办得好，但如果哀戚不足，则不能真正表达自己的哀戚之情。所以孔子特别重视礼内在的精神实质，行礼就一定要本之仁心，要充分表达自己的真情实意。

根据《礼记》《孔子家语》等的相关记载，不同的礼，所表达的情感是不同的：郊祭、社祭，表达的是对上帝、鬼神的仁爱之情；禘礼和尝礼，表达的是对祖先的仁爱之情；馈礼和奠礼，表达的是对死者的仁爱之情；乡射礼和乡饮酒礼，表达的是对同乡的仁爱之情；食礼和飨礼，表达的是对宾朋的仁爱之情。不管是哪种形式的礼，它承载的都是满满的仁爱之心与感念之情，以及人们勿忘本初的忠心，承载着人们的情感表达，这是礼义的源起。恰是因为仁爱和感念，所以礼尚往来，礼加重了情。

正是由于仁爱感念之心是礼义的起源，使得礼不仅是规范的仪制，还是生发的力量，好似酿酒用的发酵剂，使得人情醇厚。因此，君子追求礼，则更加醇厚；小人不讲礼，而愈加浅薄。圣人研习义的根本、礼的秩序，来陶冶人情。人情好比圣人的田地，整修礼制好比是耕地，阐明道义好比是种植，施行教育好比是除草，以仁爱为本来凝聚人心，以传播礼乐来安定百姓。

其次，以"十义"来正名、正位，使人知其所止。所谓"十义"，即"父慈、子孝、兄良、弟弟、夫义、妇听、长惠、幼顺、君仁、臣忠"（《礼记·礼运》）。此十义，规定了人们之间的秩序，用以别君臣、上下、长幼之序，做到尚辞让、去争夺，各司其职，恪尽职守。

我们知道，人是礼的最终执行者，但人在复杂的人际关系中，作为多种角色的混合体，贵在名实相符，履行伦理职责，知其所止，也就是不超出"义"的范围。只有这样，"礼"才能落到实处。如《礼记》对为人子的伦理职责做了如下规定：

> 凡为人子之礼：冬温而夏凊，昏定而晨省，在丑、夷不争。……夫为人子者，出必告，反必面，所游必有常，所习必有业，恒言不称老。……为人子者，居不主奥，坐不中席，行不中道，立不中门，……

孝子不服暗，不登危，惧辱亲也。《礼记·曲礼上》

从这段记载中，我们可以看出，《曲礼上》对为人子者的言谈举止及如何侍奉父母都做了十分详细的规定：冬天使父母温暖，夏天使父母凉快；晚上服侍父母安寝，早晨向父母问安；出门要向父母禀告，从外面回来一定要面见父母；出游有常所，工作有常业；在屋内居住，不占据西南角，坐席时不坐席中央，行路时不走中间，站立时不在门中央；不做见不得人的事，不涉足险境，不使父母牵连受辱。《礼记》所提出的为人子者在伦理角色中的职责及素养要求，为其在社会职责中的要求提供了根基和保证。每种角色都有其社会伦理要求，关键在于安守本分，知书达礼，通情明理，各安其位。

正因为礼是具有内在价值的，所以它的功用极大。孔子的弟子有子对此有很好的表述："礼之用，和为贵。先王之道，斯为美，小大由之。有所不行，知和而和，不以礼节之，亦不可行也。"（《论语·学而》）在儒家看来，礼的功用，规范人的生活固然是一方面，但最重要的，是使人际关系乃至整个社会和谐。因此，儒家以礼制为治理天下的大经大法。礼本身是一套行为的规范，不过这种规范不像法律具有强制性，而是一种通过适当的引导，让人自发地引出道德自律和审美情感等，并在恰当的范围内得到抒发，所以它是一种软性的或者说人性化的行为规范。尽管这种规范建立在差异性的基础上，即每个人因其社会地位、所处时空和当下具体情况的不同，而对其行为的要求就不同；但是，它最终要实现的，却是人与人之间的和谐、调适。不过这个和谐不是无条件的，而是以内在价值为基础。如果人们只看到和谐这个结果很好，就简单地为了和而追求和，忽略了礼及其背后的内在精神，那么，就会采取无所不用其极的各种不当手段,结果却恰恰无法达到和谐,而只能是和稀泥,变成全无节制的庸俗和卑微。因此,我们现在讲和谐,要明白和谐是结果,而不是手段。不以道德和公心为出发点,不以礼的节制为手段,而简单地去追求和谐,就只能成为官样文章,做些表面贴金的事情罢了。只有真正地按照礼来做,才能达到和谐。

综上所述,一个人不守礼就会失去分寸,离开把握言行的标准。一个国家没有礼,就没有处理政务的尺度。没有规矩方圆,就会寸步难行。《礼记·曲礼上》说:"人有礼则安,无礼则危。故曰:礼者,不可不学也。"所以,礼是中华民族宝贵的精神遗产,在当代社会中具有现代价值。礼乐文化不仅促进社会秩序化,而且促进社会和谐化。一种稳定和谐的秩序的形成,总是离不开礼仪规范作为调节,它包括一定的等级秩序、礼仪礼节。我国自古就是礼仪之邦,今天我们仍然面临提高国民文明程度的艰巨任务。我们应该发扬孔子崇德尚礼、孜孜以求的精神,尊礼而重道。

第四节　知廉耻:不能突破的底线

"廉"与"耻"是中华传统伦理的重要范畴。早在2000多年前,齐相管仲就将"礼"、"义"、"廉"、"耻"喻之为"国之四维",并指出:"一维绝则倾,二维绝则危,三维绝则覆,四维绝则灭。倾可正也,危可安也,覆可起也,灭不可复错也。"(《管子·牧民》)直接将"礼"、"义"、"廉"、"耻"与天下安危紧密联系在一起。《淮南子·泰族训》云:"民无廉耻,不可治也。非修礼义,廉耻不立。"所谓"廉耻",即廉洁知耻。人没有廉耻之心,则社会难以治理。人修礼义,才有廉耻可言;只有廉耻心,才是礼义通行的保障。

一、廉是立人之大节

何谓"廉"呢？许慎在《说文解字》中云："廉，仄也。从广，兼声。"《仪礼·乡饮酒礼》中有"设席于堂廉，东上"，郑玄注曰："侧边曰'廉'。"段玉裁在《说文解字注》中也说："堂之边曰'廉'。"可见，"廉"字的本义应该是指堂屋的侧边。因为堂廉之石平正而修洁又棱角峭利，所以人们多用"廉"来比喻一个人有"清正"、"洁净"等高洁的品行。段玉裁在《说文解字注》中说："廉，隅也；又曰廉，棱也。引伸之为清也、俭也、严利也。"由此可知，"廉"之本义为"侧边"、"棱角"，后来引申为"清廉"、"俭朴"、"收敛"的意思。

"廉"对于每一个人而言都非常重要，它是立人之大节。廉节、廉洁、廉直都是日常生活中的美德。董仲舒在《春秋繁露·竹林》中说："天施之在人者，使人有廉耻。有廉耻者，不生于大辱。"知廉耻的人，就不会在奇耻大辱中苟且偷生。宋代的真德秀在其《西山政训》中也说："不廉之士，纵有他美，何足道哉！"一个人，若不廉洁，纵然有其他方面的优点，也不值得称道。当然，对"廉"讲得最有力的还是孔子，他说："不义而富且贵，于我如浮云。"（《论语》）这句话讲的正是廉。发财和升官，是人们所盼望的，然而若不用正当的方法去获得，君子是不接受的，这就是廉。古往今来，"不义而富且贵"的情况很多，比如偷盗、抢劫他人财富而致富，制售假冒伪劣商品而致富，贪污受贿而致富；还比如欺上瞒下而贵，阿谀奉承、溜须拍马而贵，寡廉鲜耻、避责逃难而贵。这些都是没有廉耻的行为，也都是做正心功夫的君子所坚决拒绝的。"不义而富且贵"对君子来讲是一种耻辱，不值得羡慕与向往。当然，君子不是不爱财富和地位，只是君子"取之有道"，即采取正当的途径，而不是通过"不义"来获得。

二、廉是为政之根本

官员是否廉洁，关乎政治是否清明；同时，官员处在社会上层，是否廉洁，对百姓的影响巨大。然而，官员也是人，也会有私欲与私心。有了私欲与私心，又动用手中权力去追逐私利，就会侵害百姓利益，失去民心，造成国家衰亡。因此，孔子特别强调为官者修身为正的重要性。孔子认为，做官首先要自身正，政令才能畅通；否则，你的命令就得不到拥护和执行，即所谓"其身正，不令而行；其身不正，虽令不从"（《论语·子路》）。

"廉"为官德之首，政声之要；官员廉洁是国家政治的根本要求。《尚书》中就有"简而廉"的要求，《周礼》中也有"六廉"之说，《云梦秦简》中有"清廉毋谤"。《汉书·宣帝纪》中有"吏不廉平，则治道衰"之说。这些警示之语，都说明了为官从政者缺失廉德，必定会导致吏治腐败，社会治道衰落。为官者只有坚守廉平之德，才能远离祸害。流传于世的相关官箴之言颇丰，如南宋吕本中的《官箴》中有"当官之法，惟有三事，曰清、曰慎、曰勤"。明代郭允礼在《官箴》中说："吏不畏吾严而畏吾廉，民不服吾能而服吾公；廉则吏不敢慢，公则民不敢欺；公生明，廉生威。"明代《居官七要》中有"廉以律己"的记载。清代《居官八约》中有"以清费廉取"之说。《四库全书》馆臣们曾大加赞赏："将慎、廉、勤三字以为当官之法，其言千古不可易。"可以说，尽心清廉，方得清廉；尽心未到，清廉自然欠缺。对于为官者来说，"廉"是为政之本，官"廉"则政兴。

那么，怎样才能养成清廉之德呢？廉德的养成，是内在的道德自律和外在的法纪他律共同作用的结果。当然，二者所处的地位与发挥的作用是不同的。外因是条件，内因是根源，外因要通过内因发生作用。养成清廉之德，关键还要看为政者是否能够做到律己慎独。

自律是一种内省式的自我约束，是在无人观见的地方自我约束、自我要求，自觉主动地规范自己的言行，遵循社会的法度。自律是人有文明素养的具体表现，是人心智成熟的重要标志，也是一个人得以安身立命、成就伟业的根基所在。反之，如果一个人缺乏自律，则定力不足，容易左右摇摆，被外界利益所诱惑，最终失去抵抗力。可见，自律非常重要。

自律理应成为为官者做人做事的准则，无论何时都要心存敬畏，不要有侥幸心理。在我国历史上，历代都不乏清廉之官，他们是后人的楷模，也是中国官场的脊梁："夜幕却金"的杨震、"刚正不阿"的狄仁杰、"铁面无私"的包拯、以"一丝一粒，我之名节；一厘一毫，民之脂膏。宽一分，民受赐不止一分；取一文，我为人不值一文"为箴言的张伯行……他们都是为官的典范。《左传·襄公十五年》也记载了一个感人的故事：

宋人或得玉，献诸子罕，子罕弗受。献玉者曰："以示玉人，玉人以为宝也，故敢献之。"子罕曰："我以不贪为宝，尔以玉为宝。若以与我，皆丧宝也，不若人有其宝。"稽首而告曰："小人怀璧，不可以越乡，纳此以请死也。"子罕置诸其里，使玉人为之攻之，富而后使复其所。

这是一个非常感人的故事,特别是那句"我以不贪为宝,尔以玉为宝。若以与我,皆丧宝也,不若人有其宝",令人为之动容。子罕告诉宋人,自己以不贪为宝,而你以玉为宝,你若把玉给了我,则两个人都失去了宝,不如各自留着自己的宝。可是,当子罕得知宋人说自己作为小百姓,留下宝会有祸患后,他却毫不犹豫地将玉留下,请玉匠把那块宝玉雕琢加工好,帮宋人把玉卖掉,并派人把卖玉石所得的钱如数交给了宋人。后来,人们就用"不贪为宝"来形容清正廉洁的官员。

　　清官和贪官的区别就在于正心的不同,清官以道心、百姓心为己心,贪官往往以私心为己心。贪与不贪起初是一念之间,但正是这"差之毫厘"的细微差别,让人与人之间渐行渐远。当你在快速奔跑的时候,是否知道前方也许就是万丈深渊? 正是由于一些人看不到前面的危险,因此,用道德的栏杆与堤坝来阻拦他们陷于危险就显得尤为必要。无德之势如烟火,无德之财如洪水,无德之心似豺狼。说到底,德是用来保护我们的,欲望的闸门一旦打开,其后果与代价都将是惨重的! 贪腐之害,首在毁身,次在败家,再次亡国。所以全身之要首在廉洁,为政之德首在廉洁。

　　看到贪腐的危害,才知廉洁的可贵。巴西著名身心医学专家马丁斯博士在他的跟踪研究中发现:十六名被指控严重渎职、以权谋私,因案情严重被罢官的福利局官员,平均年龄只有四十一岁,其中十五人在三年后患病,这十五人中有六人死亡,四人患癌症,二人患脑出血后遗症,一人患帕金森综合症,二人失明。从这个角度看,腐败的危害不仅仅是身陷牢狱,家庭败落,国家灭亡,即使是那些侥幸逃脱法律制裁的贪官,也整天承受着良知的谴责,他们内心焦虑,人格扭曲,付出的代价是无比惨痛的。

总之，"廉"是为官者首先要恪守的一种道德操守和价值理想，也是一种政治理论。"廉"，作为一种政治理论追求，归根结底还在于心态。守得初心，战胜贪欲，方能清正廉洁；守不住初心，心为物役，必然走向腐败。廉与贪，皆生于心，而显化为行与迹。

当然，在中国这样一个人情社会，为官者经常面对迎来送往，要想保持清廉，拒绝贿赂，有时似乎真的会左右为难。然而，"天下无难事，只怕有心人"，如果有心，廉也不难，全看心思用在何处。但愿天下官员，都能在廉洁上下点功夫，用点智慧，想点办法，则贪婪之风可变，清廉政府可期，和谐社会也就指日可待。

三、耻是自我修整的校正器

"耻"同"恥"，最早见于金文中。"恥"字由"耳"与"心"两部分组成。《说文解字》云："耻，辱也。从心，耳声。"它表示的是人们受到侮辱后产生的一种情感与感受，这种侮辱是人们用耳朵听到的，用心感受到的。而作为一种现象，"耻辱"随着社会不平等现象的出现而产生。三代时期，人们就已经有了明确的"耻"的观念。在西周时期，朝堂之左立有一块"嘉石"，对于"邪恶者"先使之以教育，屡教不改者使之以"辱"，让其坐于嘉石之上，示之于众，让其感到耻辱。到了春秋时期，人们已经有了强烈的自尊意识，把耻辱看得非常重要。"士可杀不可辱"，已成为一种重要的价值观。人们为了维护自身的尊严，会采取各种手段，甚至牺牲生命也在所不惜。

《论语》有着强烈的重"耻"取向。"道之以政，齐之以刑，民免而无耻。道之以德，齐之以礼，有耻且格。"（《论语·为政》）孔子认为，为官从政者要重视"耻"的作用，用"政"、"刑"管理人民，民众只求免于受罚,心中并无羞耻之感;用"德"、"礼"治理民众,则他们既有耻辱感,内心也会认同而归依。

另外,孔子还指出:"邦有道,贫且贱焉,耻也;邦无道,富且贵焉,耻也。"(《论语·泰伯》)所以,在弟子原宪问"何为耻"时,孔子告之曰:"邦有道,谷;邦无道,谷,耻也。"(《论语·宪问》)在孔子看来,国家的政治清明,百姓安居乐业,官员拿到俸禄,这是应该的;但是,如果国家政治黑暗,民不聊生,官员们还拿到俸禄,这就是一种耻辱。所以,为政者应该用"德"与"礼"去教育百姓,使他们知道什么是邪恶,什么是羞耻不可为之事,从而引导民众停止做恶事,弃恶从善,自觉实现"有耻且格"。

《礼记·杂记下》有"君子有五耻"之说,即"居其位,无其言,君子耻之;有其言,无其行,君子耻之;既得之,而又失之,君子耻之;地有余,而民不足,君子耻之;众寡均而倍焉,君子耻之"。作为一个普通人,"知耻"也是必须的。只说不做为"耻",言过其实是"耻",故有"古者言之不出,耻躬之不逮也"(《论语·里仁》)之说。古人不轻易承诺,是怕自己无法兑现诺言,从而使自己蒙羞。那么,怎样才能免遭耻辱呢?"信近于义,言可复也。恭近于礼,远耻辱也。因不失其亲,亦可宗也。"(《论语·学而》)孔子认为,在人与人的交往中,恭敬而有礼地去对待别人,别人就会尊重你。

在中华传统文化中,知耻包括了多方面的内容:一是"行己有耻"。说话、做事都要有知耻之心,知道以什么为耻。《国语·晋语》中就有"为礼而不终,耻也。中不胜貌,耻也。华而不实,耻也。不度而施,耻也。施而不济,耻也"的记载。二是要"有所不为"。有知耻之心,就会知道什么事情坚决不该做也不能做,就能做到近善而远恶,不贪利,不贪生。三是要"知耻而勇"。《礼记·中庸》曰:"知耻近乎勇。"就是说,知道羞耻就接近勇德了。反过来说，有勇方能真正知耻。周敦颐说："必有耻，则可教；闻过，则可贤。"（《周敦颐集》卷二《通书·幸第八》）《朱子语类》中也说："知耻是由内心以生。……人须知耻，方能过而改。"人必须要知耻，才能做到严以律己，知错必改。

有知耻之心，才会进行自我校正。鲁大夫孟僖子陪同昭公到楚访问，路过郑国时，郑伯慰劳他们，孟僖子"不能相仪"。到了楚国，又"不能答郊劳"，他深为自己"不能相礼"而感到羞耻。于是，回国后他听说有"能礼者"，便从而问学。临终前，他对其大夫说："礼，人之干也，无礼，无以立。吾闻将有达者曰孔丘，圣人之后也，……若我获没，必属说与何忌于夫子，使事之，而学礼焉，以定其位。"（《左传·昭公七年》）孟僖子去世后，他的两个儿子"孟懿子与南宫敬叔，师事仲尼"。孟僖子的两个儿子都从师于孔子了。

孔子认为治国为政应该奉行"七教"："上敬老则下益孝，上尊齿则下益悌，上乐施则下益宽，上亲贤则下择友，上好德则下不隐，上恶贪则下耻争，上廉让则下耻节。"（《孔子家语·王言》）在上位者尊敬老人，百姓就更加孝敬；在上位者重视次列，百姓就更加敬顺长者；在上位者爱施舍，百姓就更加宽厚；在上位者亲近贤达，百姓就有选择地交友；在上位者德行好，百姓就不会隐藏过错；在上位者不贪利，百姓就耻于争斗；在上位者廉洁谦让，百姓就会以不讲礼节为耻，这就叫"七教"。可以说，"敬老、尊长、乐施、亲贤、好德、恶贪"，这些都是礼的重要内容，它们都以知耻心为保障。

明末清初的顾炎武极其重视知耻心："愚所谓圣人之道者如之何？曰'博学于文'，曰'行己有耻'。"（《顾亭林诗文集》）顾炎武将《论语》中分开的两句话，拈出而组合在一起，作为自己处世和为学的宗旨。他认为，圣人之道就在于能做到博学于文和行己有耻。为什么呢？因为从自己一人的事情到天下国家的事情，都是学问的事情，不学习就做不好，所以要有所作为，就一定要博学于文；而一个人在社会中践履道德以及与他人交际的过程中，都需要一颗诚挚的、为他人着想的心，而对于自己那颗私心，要永远感觉到一种羞耻，所以道德实践就需要行己有耻。顾炎武之所以把这两者提出来作为自己一生的宗旨，是他鉴于明亡的教训，感受到空谈心性而不注重真实功夫的陆王心学实在是弊端很大，所以一方面要重新建立一种讲究经世致用的实学，另一方面要通过耻的强烈道德意识来恢复人们真正的道德实践和社会风气。在这两者之间，顾炎武对后者是有切肤之痛的：明末出现了一大批很出名的贰臣，他们原来都是明朝的高官，甚至以道德领袖自居，结果清兵一来，就都寡廉鲜耻地投降了。其中"文"的代表是钱谦益，"武"的代表是洪承畴。对这些人，顾炎武痛恨至极，他也由此发现道德实践的一个关键点就是要有羞耻心，没有羞耻心的话，在顺境中还可能有道德，但一旦身处逆境，便会做出不道德的事情来。所以他把"行己有耻"作为立身处世之道，认为只有知廉耻的人，才是有根本道德意识的人，否则就是空虚的道貌岸然。的确，如果没有知耻心来作为根基的话，道德确实是很容易沦丧的。

人若是没有知耻之心，就会藐视一切，甚至会藐视法律。"民不畏死，奈何以死惧之"，在百姓连死都不怕的情况下，以刑罚来威胁他们是没有用的。同样道理，若是没有知耻之心，即便有了刑罚，也不能从源头上解决问题。因此，社会整体荣辱观的确立尤为重要。确立了社会主义荣辱观，并用以引导百姓何为荣、何为辱，就会尽可能减少无耻之事的发生。

总之，"八德"是中华传统文化的精华，既是"修己安身"的"圣贤之

让名者名归之，
让利者利归之，
厚道才是精明的最高境界。

学"，又是"治国平天下"的"教化之道"。我们应该踏踏实实地不断进行自我教育、自我反思；从内心真诚、主动地自我约束，愉悦而快乐地践行"八德"，从而塑造出理想而完美的人格。

第三章　以教正心——塑造人格的途径

"人无德不立,国无德不兴。"道德是个人立身的根本,中华民族自古以来的教育,首要关注的是对人德性的培养,而德性培养的奠基之处,在于正心。正心才能诚意,然后才有儒家"修身、齐家、治国、平天下"的价值追求。可见,正心是德性的开始,也是塑造人格的根本途径。儒学是关乎如何做人、怎样做事的学问,其宗旨是通过人文的教化和修身,使人成为文明人,进而助推社会成为文明的社会。这种"道之以德,齐之以礼"的道德教化,至少包括三个方面的内容,即家庭教育、学校教育和社会教育。这种道德教化,古人称之为伦常,也就是伦理关系的常道,而其中的五伦最为重要。孟子曰:"父子有亲,君臣有义,夫妇有别,长幼有序,朋友有信。"(《孟子·滕文公上》)这五伦绵延数千年,对整个中国乃至东亚的文明都产生了巨大而深远的影响。具体来讲,"父子有亲"说的是父母与子女之间要亲密。人出生后首先形成的人际关系就是自身与父母的关系,没有父母就没有自己,因此儒家把父母与子女的关系称为天伦,列为五伦之首。因为父母与子女血脉相连,所以他们之间的关系比世界上任何关系都亲密。而在这一关系中,父母应当关心爱护子女,子女应当孝敬父母。"君臣有义"是指领导与下属之间应该讲道义。上下级之间的关系虽然是领导与被领导的关系,但这种关系要以义为准则底线。如果领导者不义,那么他就丧失了领导的资格;如果被领导者不义,那么他就应该受到处罚。"夫妇有别"指丈夫和妻子应该有所区别。即丈夫要遵循作为丈夫的伦理规范,妻子要遵循作为妻子的伦理规范。我们当然可以以此斥责古人是男女不平等的,但是我们也要看到,男性和女性在生理和心理方面确实有先天的差异,因此真正的平等是有区别的平等。那种所谓男人的事情女人也能干,女人的事情男人也能干的平等,恰恰是不注重客观事实的虚伪的平等。"长幼有序"是指长辈与晚辈之间应该有秩序。有人据此说这是中国人讲究论资排辈的陋习,但其实儒家强调的是长辈要爱护晚辈,晚辈要恭敬长辈,这样不同的人群之间就有秩序可循而能融洽相处了。"朋友有信"是指朋友之间应该有信义,这样才能建立平等而相互信任的关系,才是真正的朋友。这五伦显然不是老传统、老古董,而仍具有重要的现实意义,因为今天的我们仍生活在这五

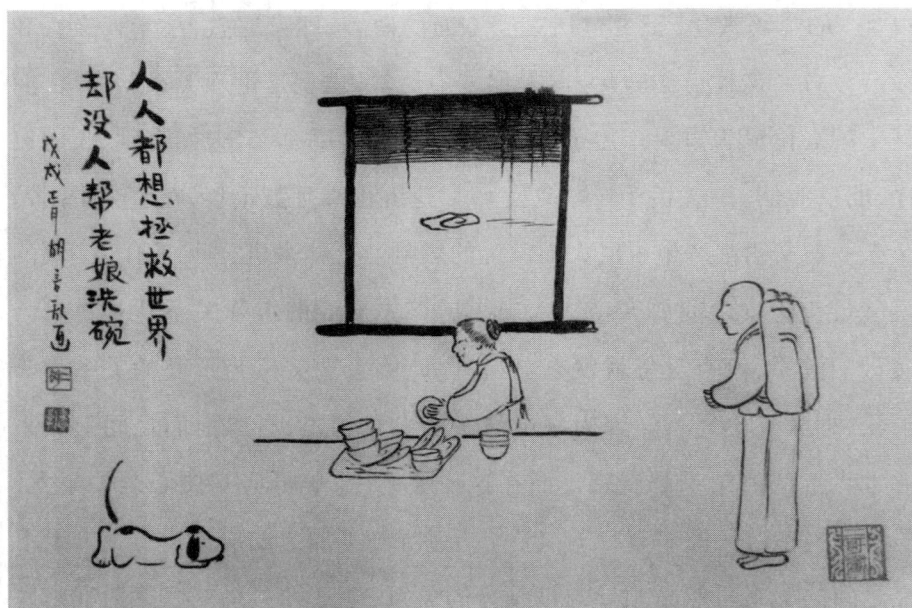

人人都想拯救世界
却没人帮老娘洗碗
戊戌正月胡著秋画

种关系之中。所以，要想成就自己、塑造良好的人格，就必须依次做好这五伦。家庭教育实际上就是要实现父子、夫妻之间的和睦；学校教育是由家庭到社会的过渡，让我们初步理解应当如何处理上下、长幼、朋友之间的关系；而社会教育，则是对这三种伦理关系的真正养成。

第一节　家庭教育：人格教育的起点

家庭是每一个人走向社会的起点，也是人格养成的第一站。家庭教育不仅是大多数家庭重要的活动内容，而且它关涉家庭生活的方方面面。因此，如何教育子女后代，培育其完美人格，是每个家庭不可忽视的事情，而"父子有亲，君臣有义，夫妇有别，长幼有序，朋友有信"的五伦之教，就成为家庭教育的核心内容。

一、育仁心：立爱自亲始

"仁"是儒家伦理学最重要的范畴之一。据杨伯峻先生在《论语译注》中的统计，《论语》中"仁"出现了109次，足以看出孔子对"仁"的重视。那么，"仁"究竟是什么呢？

早在2000多年前，这个问题就是孔门弟子普遍关心的，他们都想知道什么是"仁"，因此经常拿这个问题问孔子。孔子则往往根据弟子们不同的修养及悟道程度，给予不同的回答。如：

> 子贡曰："如有博施于民而能济众，何如？可谓仁乎？"子曰："何事于仁，必也圣乎！尧舜其犹病诸！夫仁者，己欲立而立人，己欲达而达人。能近取譬，可谓仁之方也已。"（《论语·雍也》）

颜渊问仁。子曰："克己复礼为仁。一日克己复礼，天下归仁焉。为仁由己，而由人乎哉？"（《论语·颜渊》）

仲弓问仁。子曰："出门如见大宾，使民如承大祭。己所不欲，勿施于人。在邦无怨，在家无怨。"（《论语·颜渊》）

樊迟问仁。子曰："爱人。"（《论语·颜渊》）

面对弟子们对"仁"的发问，孔子并没有明确地告知什么是"仁"，而是告诉他们为"仁"应该怎样做。故学界认为，孔子并没有给"仁"一个确切的定义，"仁"包含着丰富的内容。但我们可以看出，"爱"是"仁"的核心内容。只有心中有爱，才会尊重他人，才会设身处地为他人着想，真正做到推己及人，坚守"己所不欲，勿施于人"、"己欲立而立人，己欲达而达人"，将"忠恕"之道一以贯之。

孔子阐发的"仁者爱人"这一理念，一直为后世思想家所弘扬，孟子将其发展为"不忍人之心"，并进一步指出，"恻隐之心，仁之端也"（《孟子·公孙丑上》）。孟子认为，一个人的同情心就是仁爱精神的发端。而这种爱，首先要施于父母双亲，即所谓"仁者人也，亲亲为大"（《礼记·中庸》），然后通过推己及人的"忠恕之道"，扩展到他人身上，践行"老吾老以及人之老，幼吾幼以及人之幼"，再扩充到万事万物中去，最终达到宋代大儒张载所言的"民胞物与"的境界。

在实施教化的过程中，首先要育仁心。这是因为，仁是规范人际关系的最基本的道德准则，是万德之首，是全德，我们所说的孝、慈、忠、信等德行，都来自"仁"。只有心中有爱，才能不去做损人利己或损人不利己的事情。

育仁心要从爱自己的父母开始。父母给了我们生命，把我们抚养成人,这种养育之恩,值得我们终生用"爱"去回报。而爱父母,首先表现在要孝顺父母。从孔子及其弟子谈论"孝"的论述中,我们可以看出,他们往往"以孝释仁",认为"孝"是"仁"最原始的含义,因此《论语·学而》中就指出:"其为人也孝弟,而好犯上者,鲜矣;不好犯上,而好作乱者,未之有也。君子务本,本立而道生。孝弟也者,其为仁之本与!"一个人,在家能孝顺父母、敬爱兄长,就不会做出以下犯上的事情。孝顺父母、敬爱兄长,这是仁爱的根本。所以,古人在判断一个人的人品是否高尚、人格是否完美、是否可以委以重任时,首先要看他对父母和兄长的态度,特别是对父母能否做到孝。如《史记·五帝本纪》记载,舜生活在险恶的家庭环境中,"舜父瞽叟顽,母嚚,弟象傲,皆欲杀舜。舜顺适不失子道,兄弟孝慈。欲杀,不可得;即求,尝在侧"。尽管父亲、后母以及后母所生的弟弟都想致舜于死地,但舜仍孝顺父母,善待弟弟,竭尽心力与劳苦,却无怨恨之心,二十岁便以孝著称。当尧以禅让的方式选拔继承人时,四方的部落首领都推举了舜。这种以"孝"选拔人才的方式,后来发展成为"举孝廉"的人才举荐制度,是我国文化史上的一大特点。

作为子女,对父母尽孝,首先要奉养父母,保证他们物质生活的满足。而人作为一种社会性的动物,除了物质上的需求以外,还要追求精神上的满足。因为物质上的奉养,只是"孝"的低级形式,更高级的对"孝"的要求还有顺与敬。因此,孟懿子问孝,孔子告之曰"无违"。子游问孝,孔子又说了这样一段话:

今之孝者,是谓能养。至于犬马,皆能有养,不敬,何以别乎?
(《论语·为政》)

在孔子看来,对父母只是养,而不敬,则跟动物没有什么区别,孝最重要的内涵在于顺与敬。因此,育仁心,当从顺与敬开始。不只是要求子女对父母做到顺与敬,还要将其推广到社会上其他人身上,这样人与人互敬互爱,就不会出现当代"老人摔倒无人敢扶"的痛心事件,也不会出现公共场所因琐事大打出手之事。人与人之间当以礼相待,和谐相处。

不过,儒家对爱的理解也并不是盲目的,事实上,儒家对此有清醒的认识。《礼记·大学》载:"所谓齐其家在修其身者,人之其所亲爱而辟焉,之其所贱恶而辟焉,之其所畏敬而辟焉,之其所哀矜而辟焉,之其所敖惰而辟焉。故好而知其恶、恶而知其美者,天下鲜矣。"辟,是偏爱的意思。这段话是说,人们对于他所亲爱的对象难免有所偏向,对于他所鄙视厌恶的对象难免有所偏见,对于他所畏惧而尊敬的对象难免有所偏畏,对于他所同情哀悯的对象难免有所偏怜,对于他所傲慢懈怠的人难免有所偏轻。所以喜欢一个人却能了解他的短处,厌恶一个人却能了解他的长处,天下是少有的。也就是说,在家庭生活中,我们要能正确认识每一个家庭成员的优缺点,从而客观公正地对待每一个人。家庭是我们生活中最小的环境,也是我们生活的基础,一个人如果连身边最亲近的人都无法处理好关系的话,怎么能指望他在社会上处理好各种关系呢?然而,家庭虽然是人人都身处其中的,但却是很难处理好的。其中关键,就在于我们在家庭生活中带有太多太重的偏见。这种偏见主要有两个:一是认为家里人是和自己最亲近的,你们应当是最支持我、理解我的,可为什么常常要反对我的想法?二是对家里人有各种想法,比如儿女觉得父母的思想已经过时,父母觉得孩子太不会过日子,丈夫觉得妻子不够体贴,妻子觉得丈夫不能挣钱等。这些根深蒂固的想法会让家庭中缺乏理解。这两种偏见导致我们处于一种认为家庭成员之间应当最能互相理解,但却无法理解的矛盾困境中。要解决这个矛盾,关键就在于除掉我们的偏见,也就是这段话中所说的"辟"。其主要对象包括:亲爱的对象(如父母溺爱孩子),鄙视的对象(如孩子鄙薄父母),畏惧的对象(如孩子害怕父母),同情的对象(如因同情而非爱情结合的婚姻双方),傲慢的对象(如门不当户不对的婚姻双方)。我们在对待这些对象的时候,一定要去除这些偏见,否则就不是以平等的、理解的态度对待对方,从而造成对方感受的偏差,和自己无法和谐起来。而去除这种偏见,就是修身的意义所在,也是家庭教育的着力点所在。而经过不断地自我修养和家庭教育,我们将可以公正恰当地对待家庭中的成员,使每个成员都感到在家庭里很舒适,这样的家庭自然就可以和谐了。

二、立规矩:立敬自长始

《荀子·礼论》指出,欲望,人生来就有,欲望无法满足,就会去追求。如果人们追求欲望时缺乏规则,就会出现竞争,竞争就会生乱,生乱就会导致匮乏。古代的圣王憎恶这种争乱,因此用"礼"来建立秩序,规范人们之间的竞争。如何让一个无序的时代变得有秩序?古代先王给出的答案是从天道出发,推天道以明人道,用礼来维系。

(一)立规矩——礼之制

何为礼?礼是天地之序也。礼者,理也,理万物也。礼,首先是源于对欲望的节制,同时礼的起源也是人类对于秩序的自觉意识。这种秩序包括:心灵秩序、社会秩序、天人秩序。如果人的欲望不加以节制,后果将不堪设想。因此,礼应该成为全体社会成员共同遵守的规则。

礼之本为敬,敬是一种内在修养。敬在心中,心正则有礼。可以说,礼培养的是敬人、敬事的中正之心。礼通过制定日常生活准则来规范人心,防止人心思邪。礼不仅具有道德性,更具有外在的规定性与强制性。礼不仅表现在外在的礼仪、礼节方面,更体现在对人内心的规范上。《礼记·乐记》云"中正无邪,礼之质也",说出了礼的本质是使人心不思邪。由此看来,礼的内在根源就在心正。孔子说"克己复礼为仁"(《论语·颜渊》),克制无限膨胀的私欲,让人心归正,才能达到以礼正心的目的。

"不以规矩,不能成方员"(《孟子·离娄上》),在以"礼"调节社会关系的传统社会,"礼"就是规矩,是社会正常运行的基石,只有每个人各安其位,各尽其责,依"礼"行事,整个社会大系统才能有序运转。《史记·绛侯周勃世家》记载了这样一个故事:

> 上自劳军。至霸上及棘门军,直驰入,将以下骑送迎。已而之细柳军,军士吏被甲,锐兵刃,彀弓弩,持满。天子先驱至,不得入。先驱曰:"天子且至!"军门都尉曰:"将军令曰'军中闻将军令,不闻天子之诏'。"居无何,上至,又不得入。于是上乃使使持节诏将军:"吾欲入劳军。"亚夫乃传言开壁门。壁门士吏谓从属车骑曰:"将军约,军中不得驱驰。"于是天子乃按辔徐行。至营,将军亚夫持兵揖曰:"介胄之士不拜,请以军礼见。"天子为动,改容式车。使人称谢:"皇帝敬劳将军。"成礼而去。既出军门,群臣皆惊。文帝曰:"嗟乎,此真将军矣!曩者霸上、棘门军,若儿戏耳,其将固可袭而虏也。至于亚夫,可得而犯邪!"称善者久之。月余,三军皆罢。乃拜亚夫为中尉。

汉文帝到军营慰劳军队,在霸上和棘门,皇帝车马径直驰进军营,将军及其属下都骑着马迎送;但到了细柳军营,却遭到了军规的严格限制,特别是管军营门的军官说"军中闻将军令,不闻天子之诏",以及周亚夫所言"介胄之士不拜,请以军礼见",令天子非常感动并称赞有加,只有这样"守礼"的军队,才坚不可摧。

礼是一个庞大的系统,其核心是五大关系:夫妇、父子、兄弟、君臣、朋友。如何处理这五种关系,需要掌握一些基本规则,这些规则就是礼。中国人用"礼"来"别"各种关系。这个"别"体现在:夫妇有别,父子有亲,君臣有义,朋友有信。比如说,夫妇有别,因为男人和女人生下来就有先天的生理的差别,所以古人讲男人为天,女人为地,男尊女卑。这个尊卑并非是不平等,而是男女有别之意。男人要效仿上天,要自尊,要自强不息;女人要效仿大地,要谦卑,要厚德载物。无论男女,都通过对礼的学习,知礼守礼,各安其位,各负其责,守住本分。

懂礼的人才是内心真正强大的人,才能在各种关系中守好自己的位,知其所止:对上孝敬父母,对下父慈子孝,同时处理好夫妇关系,并将此一以贯之;对上恭敬,对下不欺,与同事和睦相处。由于中华传统文化传承中的缺失,现在有许多人对"礼"的理解存在很大误区。比如父母、爷爷、奶奶与孩子的关系,以为平等了,自由了,就可以没有礼了,可以不讲位序了。甚至有的独生子女家庭戏称:"有了儿子自己就变成了儿子,有了孙子自己就变成了孙子。"这种观点不仅是错误的,而且是非常危险的。平等、自由是指在人格上的,人格上可以平等,有问题可以探讨、交流,但"礼"的秩序绝不能废,否则,秩序乱了,就会老不老,幼不幼,父不父,子不子,使家庭大乱,继而社会也必然会混乱无序。

因此，每一个人都要懂得知止。知止是指每一个人要知道如何止于生命的角色。《礼记·大学》云："为人君止于仁，为人臣止于敬，为人子止于孝，为人父止于慈，与国人交止于信。"这段话规定了不同的人所应止于的生命角色。君者，要止于君的本分，仁至义尽；臣者，要止于臣的本分，言忠信，行笃敬；为人父，要止于人父的本分，慈悲为怀；为人子，要止于孝的本分，立爱自亲始；与人交往，要以诚信为本。每个人，都不要试图跳离这个基本的角色伦理，而要各安其位，各司其职，这样社会才能有序运行。

礼对于不同人的生命角色规定了不同的伦理规范，同时，在"家国同构"的社会关系中，先贤们也认识到女子在家族中所扮演的重要角色，从而不断地细化其必须遵守的规矩，目的是使其安于自己的本分角色，美德足具，厚德载物。正如《诗经·周南·桃夭》篇所云："桃之夭夭，其叶蓁蓁。之子于归，宜其家人。"作为女人，出嫁前要做个好女儿，注重自己的品德修养；结婚后要做个好妻子、好儿媳、好母亲，相夫教子，宜其家人，而后可以教国人。

西周时期曾出现过三位杰出的女性，即周文王的祖母太姜、母亲太任以及妻子太姒。这三位夫人培养出了四位圣人，王季、文王、武王与周公。周朝能有八百年的历史，成为中国历史上最长的王朝，与这三位女性的德行密切相关。《列女传·母仪传·周室三母》记载：太姒成为文王夫人后，贤淑有加。她非常仰慕祖母太姜和婆婆太任的德音，并继承了她们完美的德行。她被尊称为"文母"，勤俭持家，相夫教子，全力以赴地协助文王，把王宫内院治理得井井有条，使得文王没有任何后顾之忧，能够专心致志地治理国家，故有"文王治外，而文母治内"之说。

因此，无论是母亲、父亲、儿子，还是兄长、弟弟，都能担当其生命的角色,尽好自己的本分责任,值得他人效法时,老百姓就会去效法他。"其家不可教,而能教人者,无之。故君子不出家,而成教于国。"(《礼记·大学》)就是说,若想治理好国家,必须先管理好家庭和家族;要管理好家庭、家族,首先要做好自己。

(二)成方圆——礼之用

没有规矩,不成方圆。社会由各种复杂的关系构成,这些关系的维护需要一定的规范,这就是礼的作用。《左传·隐公十一年》云:"礼,经国家,定社稷,序民人,利后嗣者也。"简明扼要地指明了礼之用:礼法、礼制是用来治理国家的,它可以使社稷安定,使人民有序,以利于子孙后代。因而,礼最根本的作用是追求和谐,正如有子所言:"礼之用,和为贵。"中华民族对和谐的追求,为我们赢得了"礼仪之邦"的美誉。

礼也是通过对人情、人欲的约束来树立规则、维护秩序的。古人所谓"发乎情,止乎礼",即是此意。礼是对欲望与情感的节制和约束,离开了规矩,社会的各种正常秩序就会遇到挑战。如果一个人不知礼,就会受到别人的耻笑甚至唾骂,如《诗经·鄘风·相鼠》有"人而无礼,胡不遄死"之语。守规矩,就是要做到"己所不欲,勿施于人",故《礼记·大学》指出:

> 所恶于上,毋以使下;所恶于下,毋以事上;所恶于前,毋以先后;所恶于后,毋以从前;所恶于右,毋以交于左;所恶于左,毋以交于右。此之谓絜矩之道。

每个人都不希望受制于人,因此,在与他人交往的过程中,我们一定要做到将心比心,推己及人。如果厌恶上级对待自己的方式,就不要用这种方式去对待自己的下级；如果厌恶下级的某种行为，也不要用这种行为去对待自己的上级。这就是"己所不欲，勿施于人"的道理。《世说新语·德行》记载了这样一个故事：

> 庾公乘马有的卢，或语令卖去，庾云："卖之必有买者，即复害其主，宁可不安己而移于他人哉？昔孙叔敖杀两头蛇以为后人，古之美谈。效之，不亦达乎？"

庾公（庾亮）有一匹的卢马，有人劝他卖掉，却遭其拒绝。因为庾亮认为，卖它就必定有人买它，因为它对自己不安全，自然也会伤害到买马的人。他要效法孙叔敖，为了消除别人的灾难而宁愿自己冒险的美德。这种行为，是对"己所不欲，勿施于人"的最好诠释。

可见，知礼守礼是立身为人的基本条件。做任何事情都要有一定的规矩、规则，漠视规则，不守秩序，后果将非常严重。历史上这样的例子俯拾皆是。守规矩，是对自身最好的保护。这样的规矩，似乎过于呆板，使人难以接受，但是细想，就会发现人类所规定的各种规则，包括法律、礼俗，基本上都是我们免受灾祸的保护伞。

由于闯红灯，或酒驾、疲劳驾驶、超员超载等行为所导致的交通事故，每年都有数十万次，死亡人数达十多万人。这个数字意味着十几万条鲜活生命的陨落，更意味着十几万个家庭的支离破碎，使数十万人陷入悲痛和困境之中。父母爱子女，当从长远计，必须从小培养子女的规矩意识，立规矩，守规矩。

所以，破坏规矩，也许会满足人一时的欲望，但它带来的危险却是长期存在的，同时也是致命的。这就是我们必须要守规矩的原因之所在。

（三）化成俗——礼之教

如何循礼而行，律己以立，益人以仁呢？首先便是教化，通过礼之教化，使人们认识礼，认可礼，践行礼。人们只有知道了礼对个人、对社会发展的不可或缺性，才会慢慢地去认可并遵守它。若其不知，何以可为？

但礼的教化并非一蹴而就，它是一个缓慢的过程。《礼记·经解》云：

> 故礼之教化也微，其止邪也于未形，使人日徙善远罪而不自知也，是以先王隆之也。《易》曰："君子慎始，差若毫厘，缪以千里。"此之谓也。

礼的教化作用是隐微的，但它可能在邪恶尚未形成的时候就加以防止，帮助人在不知不觉之中日趋完善，远离罪过。所以，古代明君圣主特别重视礼的教化作用。借用《易经》"研几"的道理来说明，君子谨慎地对待开始，开始的时候如果有毫厘的差错，以后的错就可能有千里之远。西汉贾谊把礼的教化比作阻止洪水的堤坝，可见礼之教化的重要性。

《汉书·董仲舒传》有言：

> 夫万民之从利也，如水之走下，不以教化堤防之，不能止也。是故教化立而奸邪皆止者，其堤防完也；教化废而奸邪并出，刑罚不能胜者，其堤防坏也。古之王者明于此，是故南面而治天下，莫不以教化为大务。立大学以教于国，设庠序以化于邑，渐民以仁，摩民以谊，节民以礼，故其刑罚甚轻而禁不犯者，教化行而习俗美也。

正是因为"礼"之教化如此重要，因此，无论是正规的官学教育还是私学教育，都将"礼"看作重要的内容。如"六艺"之学，礼是排在第一位的。《史记·孔子世家》记载"孔子以诗书礼乐教"，孔子也强调"不学礼，无以立"（《论语·季氏》），这说明儒家对礼之教化的重视，而以礼正心则是传统教育的核心所在。

三、树家风：忠厚传家，诗书继世

家风是社会风气的重要组成部分。家庭不只是人们身体的住处，更是人们心灵的归宿。家风好，家道就能兴盛、和顺、美满；家风差，则难免会殃及子孙、贻害社会。正所谓"积善之家，必有余庆；积不善之家，必有余殃"（《周易·坤·文言》）。

家是人生的第一所学校，是一个人安身立命、品德养成的第一站。一个家庭中，家长信奉什么，学习什么，他的家规、家教、家风中就弥散着什么。家风是一个家族在世代更替发展演变中存积起来的一些共识与规矩，是家族成员内在价值观、人生观、世界观的集中体现。孩子是每个家庭的作品，家风会对孩子的成长产生潜移默化的影响。家风正，孩子就会行为端庄，举止文雅；家风不正，孩子就会没有教养，行为粗劣。同样，孩子的言谈举止亦反映出他的家风与他所受的家教，二者相辅相承。如农民种庄稼，其质量如何，与其栽种时用没用心力，懂不懂成长规律，未来收获的前景等有关。通过观察成熟的庄稼，一家人的家风形态便跃然纸上。老人们笃信"三岁看大，七岁看老"。从一个三岁小儿的身上，便可看到他的教养与品行习惯，而这些基本品德和习惯则预示着他一生的走向。教养反映出一个人的基本素质，有没有教养可以说是一种基本的价值判断。假如说一个人没有教养，不仅是对这个人的否定，而且连带否定了这个人的家庭、家族。因此，一个家庭的家教如何，很大程度上决定着一个家庭子孙后代的成长路径。

一个家庭、家族可能因一个成员的兴起而兴起，也可能因一个成员的顽劣不孝而毁于一旦。孩子不仅代表着生命的传承，还意味着家风的传承和家运的流转。家风、家教融入在一个家庭点点滴滴的生活中，渗透在坐卧行走的日常生活中。家长对孩子的教育承载着家庭、家族的是非观、荣辱观、财富观。因此，中国传统家教特别重视身教，首先强调家长自身行为要正，然后才能教育好后代。能不能将"正"牢牢根植于心底，关系到家族成员的生活方式和行为。

孔子说："其身正，不令而行；其身不正，虽令不从。"（《论语·子路》）曾国藩提出，从三个方面可以看出一个家庭的兴败。第一，看子孙几点起床。假如艳阳高照，孩子还在大睡，那么这个家族就会慢慢懈怠下去。第二，看子孙有没有做家务。天道酬勤，勤劳可以影响一个人的一辈子。第三，看子孙有没有在读圣贤书。中国古代的文人，可以不学诗词歌赋，但很少有不读圣贤书的。因为圣贤书中承载着做人、做事的道理，不懂理就不懂得本末先后，就无法知善恶、明是非，人生观、世界观、价值观就会模糊不清，人生方向就会摇摆不定。可见，从孩子、家长到家族，家庭都是人格养成的道场。

修身、齐家、治国、平天下，中国古代教育的顺序是：先教自己，再教家人，教好家人，再教国人。一个能治理国家的人必先齐其家，"其家不可教，而能教人者，无之。故君子不出家，而成教于国"（《礼记·大学》）。孝者，才能事君；悌者，才能事长；慈者，才能使众。

在家里首先要学习做小孩的道理，因此，《论语》开篇就强调："弟子入则孝，出则弟，谨而信，泛爱众而亲仁，行有余力，则以学文。"（《论语·学而》)只有从小明白了如何做弟子的道理,成家后才会懂得如何为人夫、为人妻、为人父母;出门在外,才能更好地为人君、为人臣、为人友。家庭管理是古代社会管理的基石,家中有家规,形成家风和家教,许多问题根本不用到县衙之上对簿公堂,在家族内部就能完美解决。因此,《礼记·大学》云"家齐而后国治""治国在齐其家",家国不二,一以贯之,讲的就是这个理。

《礼记·大学》所讲的家,并不是当时一般的百姓之家。"一家仁,一国兴仁;一家让,一国兴让;一人贪戾,一国作乱。其机如此。此谓一言偾事,一人定国。"(《礼记·大学》)《大学》中的"家"指的是国君之家、诸侯之家、卿大夫之家,是大人之家。为何他们的家如此重要呢? 因为他们的家风可以上行下效,风化天下,治理国家。这些大人之家,可以说家风即是国风。一说国风,好像很大,事实上,它的立足点很小,小到每一个家庭的家风。如果大人能有一颗赤子之心,对他人就能"如保赤子"。大人之家家风正,则百姓之家便争相效仿,并逐步导向正道。

当然,不是只有书香门第、名门望族才有家教。但凡有家,必有教,每位家长都在承担着引导、教育家庭成员的责任,每位父母都是孩子来到这个世界上的第一任老师。教什么是关键,而学什么则体现着家长的境界与水平。

人的修养如何与他的家教有着密切的关系。幼儿阶段是人生的起步阶段,也是习惯养成的关键时期。孩子有了良好的习惯,智慧的种子就能在这时萌芽,良好的品质就能在这时养成。英国哲学家培根说过,"习惯是一种顽强的力量,可以主宰人的一生",道出了培养良好行为习惯的重要性。

家是生命的起点与归宿,族是生命的扩展与延续,家风家训承载着一个家族的生活方式与价值观念。历史上所有久盛不衰的家族，都有着为人称道的家风家训。

《三字经》云："窦燕山，有义方。教五子，名俱扬。"我们不禁要问，窦燕山有什么教子秘诀，能培养出五个声名远扬的孩子？其实很简单，他就是用"义方之训"教育孩子的。何为"义方之训"？《宣讲拾遗》中记载如下：

> 父慈子孝，兄友弟恭。家庭之礼，俨如君臣。
>
> 内外之礼，俨如宫禁。男不乱入，女不乱出。
>
> 男务耕读，女务织纺。和睦雍熙，孝顺满门。①

在窦燕山严格的家教下，他的孩子有着杰出的品德和才能，窦家五子都荣登进士，成为了国家栋梁。长子窦仪，授翰林学士，任礼部尚书；次子窦俨，授翰林学士，任礼部侍郎；三子窦侃，任左补阙；四子窦偁，任左谏议大夫，官至参知政事；五子窦僖，任起居郎。窦家五子，被称为"窦氏五龙"。窦燕山不仅教子有方，还以身作则，广施善行。他本人生活俭朴，丝毫不肯浪费，每年的收入除了供给家庭的必要生活费用外，都用作救苦济急。他还建立书院四十间，聚书数千卷，礼聘品学兼优的老师来教育青年。对于无钱而有志求学的贫苦子弟，不管认识与否，只要来书院学习，他都代缴学费和生活费。先后造就了很多品学兼优的人才。

窦燕山为人端正，教子有方，五子均登科及第的事迹，不仅在当时被人们所称颂，而且成为天下父母的榜样，人们争相效仿。

---

① ［清］冷德馨、庄跛仙：《宣讲拾遗》，华夏出版社2013年版，第167页。

良好的家风家训不仅可以纯净一个家族的心灵,更能涵养整个社会的风气。树立良好的家风,为后世留下足以立世的家训,培养好家族孩子的人格,是家庭和家族生生不息、长盛不衰的根本所在。

好的家风,给我们的灵魂以滋养,培养中正无邪的品质;好的家风,是用心力恭敬自己的双亲,培养自己谦卑、厚道的仁心;好的家风,是全力以赴地完成看似平凡的一件件小事;好的家风,是用行动践履对他人的承诺。只有真正读懂圣贤经典的人,才会专心不移地把书中做人、做事的道理运用到生活中去,爱家人、爱朋友、爱民、爱物,进而做到"近者悦,远者来"(《论语·子路》)。要从自己的内心深处开始,由里到外,由我到人,从人到物,形成一个身心愉悦、关系和谐、正向健康、开心快乐的能量场。

经典,是经过历史选择出来的最有价值的"书",它承载着正心、修德、修业、弘道的大智慧,是家庭教育、学校教育、社会教育的通用教材,经过后世学人的不断发展、传承,放射出更加夺目的时代光辉。然而,在世界喧嚣、人心浮躁、急功近利的当下,经典铸就的辉煌却被物欲人心所遮蔽,致使人心空空,没有了归宿。因而,重拾经典,恰是培养良好的家风家训,培育公序良俗的社会风气,助推人们尊德性、道问学,以达到修身齐家治国平天下之追求的正确选择。

第二节　学校教育:人格升华的助推器

学校是个体进行社会化的重要主体之一,学校教育具有系统性,它不仅传授各种科学知识和技能,同时也努力培养和树立受教育者的价值观念。因此,爱因斯坦讲,仅靠知识和技能并不能使得人类获得快乐而

很多人走进你的生活，只是为了给你上一课然后转身离开

又有尊严的生活。虽然通过专业教育可以使他成为一部有用的机器，但不能造就和谐的人格。因此，在学校教育中，就需要"申之以孝悌之义"（《孟子·梁惠王上》)，要从尊师道、慎交友入手，以此来加强学生的人格教育。

一、尊师道：求道莫善尊师

尊师重道是中国人的优良传统。几千年来，中国的家家户户都供奉"天地君亲师"，构建起了中国人的"精神家园"。古人认为，"师"是"道"的承载者，肩负着中华文脉传承的责任。韩愈的一句"师者，所以传道、受业、解惑也"（《师说》），将为师的责任、担当刻画得淋漓尽致。

尊师就是重道，重道必先尊师。《礼记·学记》云："凡学之道，严师为难。师严然后道尊，道尊然后民知敬学。"这里的"师严"不是指为师的人应该严厉，而是指身为老师，应该严格要求自己。"学高为师，身正为范"，是对老师提出的要求与标准。老师按照他所传授的为人处事的原则去要求自己，做到真知真行，他所行之道才能更让人信服。因此，王阳明说："知而不行，只是未知。"（《传习录》）若为师者不能做到知行合一，那么他所传之道只能是"伪"，不仅起不到教化学生的目的，而且可能引领学生误入歧途。

《礼记·中庸》云："道之不行也，我知之矣，知者过之，愚者不及也；道之不明也，我知之矣，贤者过之，不肖者不及也。"道得不到践行，我知道其中的原因。聪明的人太过，超过了中庸，愚笨的人不及，未达到中庸。道得不到彰显，我知道其中的原因。贤良的人超过了中庸，不长进的人未达到中庸。

荀子甚至将尊师重道放到治理国家的高度来说，他指出："国将兴，必贵师而重傅。"（《荀子·大略》）荀子认为，要治理好国家，一定要尊重老师。因为在荀子看来，老师是和政治统治者不同的、代表古往今来之道与学的系统。统治者不过是掌握政权的，但真正了解治国之道、传承先圣遗训的是学者、是老师。老师这个系统是自古以来一脉相承的，因为他们才是人类中最聪明智慧的那一批人，他们才是能和古圣先王真正沟通的人，所以他们代表着政治之理想。而统治者只是掌握了权力而坐在那个位子上的人，但这并不代表他们的心就和先王们相通，不代表他们理解治国之道。因此，要想治理好一个国家，统治者必须尊重老师，并向老师学习，以求了解先王之道，并按照大道治理国家。可以发现，荀子将治国中的道统和政统分开了，也就是在政治上确立了一个超越现实统治的理想型政治系统，而那个系统掌握在知识分子手中。统治者只有尊重知识分子，才可以真正治理好国家。的确，要想治理好一个国家，必须尊重老师、尊重知识分子,因为老师和知识分子是教育学生和社会的力量,若不尊重他们,就是不尊重知识和真理。如此,就会造成社会的混乱。而且,正如荀子认识到的,知识分子还代表一种对政治合理性和正义性的追求,他们对政府有一种议政或者舆论监督的作用。如果轻贱知识分子的话,就是政府独裁的表现。

因此,古往今来的知识分子都是以师道尊严自命,并努力担当起师道典范的。钱穆就是近代师道的楷模之一。他一生尊奉孔子,宗圣修学,在他任教的几十年当中,桃李满天下。余英时在《犹记风吹水上麟——敬悼钱宾四师》一文中指出:"尊严是永远在那里的,使你不可能有一分钟忘记。但这绝不是老师的架子,绝不是知识学问的傲慢,更不是世俗的矜持。他一切都是自自然然的,但这是经过人文教养浸润以后的那种自然。我想这就是中国传统语言所谓的'道尊',或现代西方人所说的'人格尊严'。"[1]正是因为师者本人有师道尊严的自觉,才会感染他人,使得他人自觉地尊师重道,使社会自然而然地形成浩然之气。

尊师的目的是重道。"道"直指本体的方向,也是我们人生的方向。这个方向绝不能错,且只能直指,不可"中转"。作为学生就要"志于道",志在圣贤,树立起一种正确的人生方向与学习态度;"据于德",完善自己的品德;"依于仁",修正自己的内心,养成谦卑、恭敬的态度,塑造良好的品德,在不同的道路上成就自己的一生。作为学生,只有尊重老师,才能听进老师所传授的道,以及尊重老师所传授的知识与技能,这是为了获得自知,有了自知才能知人,才能真正做到"游于艺"。《吕氏春秋·劝学》云:"师尊则言信矣,道论矣。"老师受到尊重,那么他的言语就会被信从,他的思想就会被传播。所以,"一分诚敬得一分利益,十分

---

① 余英时:《现代学人与学术》(《余英时文集》第五卷),广西师范大学出版社2004年版。

诚敬得十分利益"。能够尊重老师，就会尊重老师所传授的学问、真理、道德、技艺。懂得尊重这些学问，才会"民之敬学"，老百姓就会努力学习。自古以来，中国类似的故事不胜枚举，"程门立雪"就是尊师重道的典范。《宋史·杨时传》记载：

> 一日见颐，颐偶瞑坐，时与游酢侍立不去。颐既觉，则门外雪深一尺矣。

杨时和游酢请教问题时，不忍心打扰正在静坐闭目养神的老师程颐，于是站在一旁等候，待老师发觉时，门外积雪已一尺有余，其虚心求学、尊师重道之心，使老师深为感动，对二人愈发精心培养。杨时和游酢的这种尊师行为，应该得到传承与发扬。

"经师易得，人师难求。"何为经师？何为人师？著名教育家徐特立曾指出："教师是有两种人格的，一种是经师，一种是人师。""经师，谓专门名家，教授有师法者。人师，谓谨身修行，足以范俗者。"[①]可见，经师是传授我们某个方面专业知识技能的老师。人师是以传道、授业、解惑为使命，是先觉觉后觉，是给人以慧命，用自己的行为、品性、言语塑造人的灵魂，引领弘道立业的先觉者。

著名教育家陶行知有一次在校园里看到一个男生在用泥块砸同学，他制止了那个男生并让他放学时到校长室里去。放学后，陶行知来到校长室，发现这个男孩子已经早早地等在了门口。陶行知从口袋中掏出一块糖果送给他，说："这是奖给你的，因为你按时来到这里，比我到的还早。"男生狐疑地接过糖果。陶行知又掏出一块糖果放到他手里，说："这

---

① 全仁经：《耕读人生——全仁径自选集》，中国文史出版社2015年版，第452页。

块糖奖给你是因为当我让你住手时,你立即就住手了,这说明你很尊重我。"男生的眼睛睁得大大的,更加惊异了。陶行知又掏出第三块糖果塞到男生手里,说:"我调查过了,你用泥块砸那些男生,是因为他们不守游戏规则,欺负女生。你砸他们,说明你正直善良,有跟坏人作斗争的勇气。"男生感动了,他流着眼泪后悔地说道:"陶校长,我错了,我不该砸我自己的同学。"陶行知满意地笑了,他随即掏出第四块糖果递过去,说:"为你正确地认识错误,我再奖给你一块糖果,可惜我只有这一块糖了,我的糖没了,我看我们的谈话也该结束了。"

由上面的故事我们可以看出:一个好的老师一定是"长善救失",也就是说他能发现学生资质的优劣、美恶,并根据学生的特质而因材施教。良师的职责在于引路,在于晓喻别人,引导而不牵强,勉励而不压制,作风平易,善于启发,引人思考而不径直表达。

朱熹《伊洛渊源录》卷四记载了这样一个故事:

> 朱公掞见明道于汝州,逾月而归,语人曰:"光庭在春风中坐了一月。"

朱光庭去汝州见老师程颢,完全被其学识与人格气象所倾倒,他这一去,就是一个月,在与别人谈起受老师熏陶的感受时,说"光庭在春风中坐了一月",这是一种多么美好的享受呀。

教育的本质是一个灵魂对另一个灵魂的呼唤,当老师真正领悟了天地之道,用自己的心灵去点燃学生心灵的时候,听者自然会有生命、灵魂被穿透的感觉,这种心灵的滋润如沐春风,是难得的精神享受! 谢良佐曾这样比喻程颢:明道先生坐着的时候好像一个泥塑的人一般,但在与人交往的时候则浑然一团和气。"远之则有望,近之则不厌"(《礼记·中庸》),程颢可谓是人师的典范。

为学之人,尊师可贵。一个人学习的收获和他尊敬老师的程度是成"正比"的。同样是听课,认真听讲的学生能收获八九十分,不认真听讲的学生则只获得一两分。在所有做学问的道理中,尊敬老师可谓难事。尊敬老师是学生的本分,但却难以持之以恒。初学尊师并不难,但是学生逐渐学有所成,甚至超过老师时,尊师就不容易坚持了。这也是有些人终不能成大气候的根本原因。

古今中外,无数事例告诉我们应该尊敬老师。"心无谦卑日伴高人无助,胸无大愿遍寻贵人不得。"尊敬老师,知识、道德才能受到重视。孔子说:"人能弘道,非道弘人。"(《论语·卫灵公》)一个明道的师者,必定是循道而行,以道自任,不苟且,不哗众,只是守着做人做事的标准。因明道而自信,因自信而有道,因有道而自尊,因自尊而受人之尊。不是你自己受人之尊,而是你所守的道受人之尊。"君子动而世为天下道,行而世为天下法,言而世为天下则。"(《礼记·中庸》)守道的君子,在世间的作为会得到天下人的称赞,在世间的行为会受到天下人的效法,在世间的言论会成为天下人的准则。

这样的老师在哪里可以找到? 孔子说过:"三人行,必有我师焉。择其善者而从之,其不善者而改之。"(《论语·述而》)生活中处处都有老师,学习的目的是为了完善自己的品德,从贤达的人身上学习他的优点与长处,看到不善的人身上的缺点,则自我反省,有则改之,无则加勉。老子说:"善人者,不善人之师;不善人者,善人之资。"(《道德经》二十七章)善人是不善人的老师,不善人是自己的一面镜子,时时提醒自己,要引以为鉴,避免犯同样的错误。孔子、老子都告诉我们,善人、不善人都是我们可以学习的老师,关键是能否做到"见贤思齐焉,见不贤而内自省也"(《论语·里仁》)。

二、慎交友:文会友,友辅仁

曾子曰:"君子以文会友,以友辅仁。"(《论语·颜渊》)"以文会友,以友辅仁"仍被今天的人们频繁使用。那么,古人为何讲究以文会友?因为言为心声,书为心画。读书无异于尚友古人。那些著书立说的古人大多是当时之才俊,我们在读书的过程中不知不觉涵泳其中,受其熏染,唯读书有变化气质之功效。所以,一个人的文章、学问反映的是这个人的境界水准、内在品德。同道为朋,同志为友,让人得以群分的根本是内在的价值观、共同的兴趣爱好。通过文章、学问来结识的朋友,往往是同道、同志。以友辅仁,多跟好人、仁人交朋友,以"仁"的标准来交朋友,是成仁、达仁的重要途径。

观其友,察其人。观察一个人最好的方法是看他的朋友,看他和什么人交往。朋友如镜,通过朋友,我们大致可以推断其人的大概品质和性格。《韩诗外传》卷九记载了这样一个典故:

> 楚有善相人者,所言无遗策,闻于国中。庄王召见而问焉。对曰:"臣非能相人也,能相人之友者也。观布衣者,其友皆孝悌,笃谨畏令,如此者家必日益,而身日安,此所谓吉人者也。观事君者,其友皆诚信,有行好善,如此者揩事日益,官职日进,此所谓吉臣者也。观人主也,朝臣多贤,左右多忠,主有失,皆敢交争正谏,如此者国日安,主日尊,名声日显,此所谓吉主者也。臣非能相人也,能观人之友者也。"王曰:"善。"其所以任贤使能而霸天下者,殆遇之于是也。

正当楚庄王欲成霸业,发愁不知道如何知人善任时,听说有一个人看相很准,于是召进宫来,问他如何观人。此人告诉楚庄王,通过相人之友,可知其是否是吉人与吉臣。楚庄王顿有所悟,以后考察干部不仅看其才,而且查看其朋友,做到任贤臣远小人。最终得到孙叔敖、子重等贤臣辅佐,成为一代霸主。

无独有偶,孟子曾周游列国,以寻找施展抱负的机会,他过宋国而不做官。这是为什么呢?原来他看到宋王本身虽然强悍,但是整日里与一帮佞臣、女人们在一起饮酒作乐,遇到有忠臣进谏,立刻将其射杀。在宋王身边,无德无才的小人越来越多,贤德之人越来越少。因此,孟子推断宋王不得善终,拒绝了在宋国做官。果不其然,没过多久,宋国便被齐楚魏三国联合讨伐而灭亡了。

物以类聚,人以群分,相友即可知人。如果一个人的朋友都是正派、忠诚可靠、品德高尚的人,那么这个人一定差不了;如果这个人周围都是花言巧语的恶朋佞友,那这个人基本上也可以否定了。楚庄王通过观察臣子的朋友来挑选贤臣,孙叔敖、子重等人也是因为观察楚庄王亲近之人,才决定到楚国来应聘的。孟子拒绝在宋国做官,也是通过观察宋王身边的人而做出的决定。

古人云:"与善人居,如入芝兰之室,久而不闻其香,即与之化矣;与不善人居,如入鲍鱼之肆,久而不闻其臭,亦与之化矣。"(《孔子家语·六本》)因此,我们在交友时一定要谨慎。无论是君相臣,还是臣相君,其实相的都是朋友,故君子之交必君子,小人之交必小人。我们在社会上结交朋友都是找适合自己的交际群体,价值观相同、内心有认同感、志同道合、价值取向一致是我们选择交际群体的标准。无论是曾子的"以文会友,以友辅仁",还是孔子说的"道不同,不相为谋"(《论语·卫灵公》),都是内在灵魂的认可。

"独学而无友,则孤陋而寡闻"(《礼记·学记》),没有朋友的人生是不完美的。从一定程度上来说,朋友之间的交往质量成就着我们生命的质量。什么样的人才能称得上是好朋友呢?怎样才能识别不好的朋友呢?孔子给我们的答案是:"益者三友,损者三友。友直,友谅,友多闻,益矣。友便辟,友善柔,友便佞,损矣。"(《论语·季氏》)"友直",指结交正直的、刚正不阿的朋友,他们会直言不讳地指出我们的缺点,并对此提出建议,所以可以帮助我们认识错误、改正错误。这样的朋友如一面镜子,如魏徵之于唐太宗,可以以人为镜,明得失。"友谅",指结交善于原谅别人,宽容、包容的朋友。他们待人真诚,做事不虚伪,所以可以以心交心,成为我们的知心朋友,而且他们能包容我们的缺点与不足。同时他们的人格也会影响我们,让我们去除心灵上的做作和虚荣。"友多闻",指结交见闻广博的人。一个人的知识是片面的,而只有尽量和知识广博的人交往,才能借助他们的见闻来丰富我们的知识,增加我们的经验,开拓我们的视野,从而对我们的待人处世大有帮助。在资讯信息爆炸的今天,有人认为再也不需要见识广博的朋友了。其实,恰恰相反,越是这样的时代,越需要一位见多识广的益友来帮你去粗取精,剔除糟粕,能用三言两语为你的工作和生活提出切中要害的良好建议。

不好的朋友即为损友,他们对我们的道德修养不利,会把我们带坏,孔子认为这也有三类:第一类是专好谄媚逢迎、溜须拍马的人。这种人心中毫无真诚可言,只会察颜观色,见风使舵,来让我们高兴,以便从中得利。然而现实中我们却常常喜欢和这类人交往,因为他们的奉承会让我们感到舒服。但其实,他们会令我们变得盲目自大,无法再进行自我修养，危害极大。第二类就是所谓的"两面派"。他们当着我们的面是和颜悦色的，但在背后，却会传播谣言来诽谤我们。这种朋友最会欺骗人，对我们的伤害也最大，而我们却常常难以分辨他们，因此需要特别注意。第三类就是言过其实的人。这种人没什么真才实学，只靠着三寸不烂之舌，说起话来口若悬河，结果就让人觉得他有道理、有学问，但其实他胸中尽是草包。对这种朋友我们也一定要警惕，因为跟他们交往，到最后只会让我们一无所获，反而跟他一样变得巧言令色起来。总之，和便辟、善柔、便佞的人交朋友，会对自己不利。其中最根本的原因是，仁义无径，唯诚而感。一个真诚的人一定是表里如一、心口如一的。而大多数巧言令色的人都是心口不一的，他们的言行大都不是真情的流露，而是受到别的动机的驱使。这些动机来自于对名、利、色的贪，用巧言令色的方法迷惑对方，让对方失去理性的判断，从而让对方生活在虚幻之中，以至于达到置人于死地的目的。因此，才有"无故献殷勤者，非奸即盗"的古训，而孔子也早就警戒弟子，"巧言令色，鲜矣仁"（《论语·学而》）。一个人有多虚假就有多热情，这样的人看似情深，实则交浅，温暖有余，厚道不足。人前热闹的人，转身就是苍凉。过于虚假热情之人就是德之贼，就是乡愿，貌似谨厚，而实为流俗合污的伪善者。一个人品德的修养是需要依靠诚意正心、心口如一的身体力行来完成，绝不是只在表面上、嘴上说说而已。

身边的朋友都是自己感召来的，只有不断地改变自己，完善自己的德行，才能改变自己的圈子，交到好的朋友。这是交友的重要原则。所以，隋代著名思想家王通在其所著的《中说·礼乐篇》中就曾强调："以势交者，势倾则绝；以利交者，利穷则散。"

朋友相交，应以诚相待，以心相交，珍惜缘分，学会感恩。所以，真正的好友不在于多，而在于有心灵的共鸣。世界虽大，能共鸣的朋友却不会太多，所以要珍惜。《吕氏春秋·本味》记载了俞伯牙与钟子期关于弹琴与聆听的故事：

> 伯牙鼓琴，钟子期听之。方鼓琴而志在太山，钟子期曰："善哉乎鼓琴，巍巍乎若太山。"少选之间，而志在流水，钟子期又曰："善哉乎鼓琴，汤汤乎若流水。"钟子期死，伯牙破琴绝弦，终身不复鼓琴，以为世无足复为鼓琴者。

俞伯牙是春秋时期著名的琴师，擅长弹奏七弦琴。伯牙弹琴，钟子期就在旁边聆听。当伯牙心驰泰山，弦音气势磅礴时，子期便击掌叫好："太好了！这琴声就像巍峨耸立的泰山！"当伯牙神游流水，琴声一泻千里，像滚滚波涛之时，子期又赞之："弹得太好啦！我仿佛看到了浩荡流淌的长江大河！"后来，钟子期死了。俞伯牙听说以后，当即就把琴摔破，将弦割断，从此不再弹琴。因为他觉得世间再也没有人能听懂自己弹琴，而自己再也没有值得为之一弹的人了。

俞伯牙与钟子期高山流水觅知音的故事，已经成为"知音"一词的代名词。每一个人都希望被别人所理解和欣赏，在对方的心里引起共鸣。《礼记·乐记》云："凡音者，生人心者也。情动于中，故形于声，声成文，谓之音。"但这个心灵的共鸣并不是轻而易举的，一定是双方有着共同的志趣才可以做到，所以有知音难觅的千古之叹。《诗经·小雅·伐木》上说："嘤其鸣矣，求其友声。"古人历来重视交友，也把交友之道作为一种伦理原则。《荀子·大略》中说："友者，所以相有也。道不同，何以相有也？"说明友是因为同道为朋，同道为友；是志同道合才可以建立的。知心、同志这样的交往,是可遇不可求的,因此,鲁迅才有"人生得一知己足矣,斯世当以同怀视之"的感叹。

第三节　社会教育:人格熏化的场域

　　人是一种社会性的存在,社会性是人的本质属性,人生活在怎样的社会文化中,就会沾染上与其同样的味道。柏杨所说的"酱缸文化"就是这样一个道理。随着现代社会的转型以及人们价值观多元化的发展,社会上的一些不正之风为人们所诟病,严重影响着个人身心的健康与社会的和谐发展。因而,汲取中华优秀传统文化因素,借鉴承载着优秀文化基因的庙堂、书院等载体曾经产生的积极作用,匡正人心,引领核心价值观的落实,成为亟待解决的问题。

一、庙堂

儒家利用民众对来世的期盼和祈福消灾的渴求，运用各种宗教的神灵崇拜，劝人去恶从善，推行道德教化①。当然，这需要一定的场所，这些场所很多，其中最重要的首推庙堂。

庙堂的本义指宗庙之堂，这种文化现象与我们的祖先崇拜有关。我们的先祖认为，人死只是躯体的消亡，但灵魂依然存在，为祖先灵魂建立的寄居之地即为宗庙。随着传统社会的发展，形成了严格的宗庙制度，即天子七庙，诸侯五庙，大夫三庙，士一庙，庶人不得设庙。在这些庙中，供奉着历代祖先的牌位或挂像，是后代祭祀祖先的地方。宗庙除此本义之外，还有其延伸之义，代指国家社稷。"庙堂建造与留存的初衷，是为了构造人神沟通的渠道、社区信仰的象征符号和举行宗教仪式的场域。但在实际生活中，庙堂不仅是'神的居所'并服务于信仰、崇拜、仪式和庆典，同时也是音乐、舞蹈、戏剧、诗歌、教育，乃至医疗和康复的活动场所。"②可见，庙堂是庄严肃穆的地方，人处于此地，会恭敬、严肃地对待要做的事情。"祭思敬"（《论语·子张》说的就是此种情形。在祭祀中，人们会追忆先祖的事迹，告诫人们不要做对不起祖宗的事情，只有"慎终追远"，"民德"才能归厚矣。孔子在教育弟子的过程中，"子以四教：文，行，忠，信"（《论语·述而》）、"孔子以诗书礼乐教，弟子盖三千焉，身通六艺者七十有二人。"（《史记·孔子世家》）。孔子以"六艺"、"四教"教弟子，但同时，他也常带弟子游学。通过游学，使弟子设身处地地将已学的理论知识与实践相结合，而观庙与相应的祭祀，就是他选择的一种重要的游学方式。

---

① 牟钟鉴：《中国文化的当下精神》，中华书局2016年版，第265页。
② 何贝莉：《何为庙堂，庙堂何为——读〈社会中的庙堂〉》，《西北民族研究》2013年第2期，第204页。

《说苑·敬慎》篇记载了孔子带领弟子观周期间发生的事情：

　　孔子之周，观于太庙。右陛之前，有金人焉，三缄其口而铭其背曰："古之慎言人也。戒之哉！戒之哉！无多言，多言多败；无多事，多事多患。……夫江河长百谷者，以其卑下也。天道无亲，常与善人。戒之哉！戒之哉！"孔子顾谓弟子曰："记之，此言虽鄙，而中事情。《诗》曰：'战战兢兢，如临深渊，如履薄冰。'行身如此，岂以口遇祸哉！"

　　孔子带领弟子进入周太祖后稷之庙，读三缄其口铜像背后的铭文，有"无多言，多言多败；无多事，多事多患"，"曰是何伤？祸之门也。强梁者不得其死，好胜者必遇其敌"等用以警戒后人祸从口出的语句。孔子读完整篇铭文后，转身告知弟子曰：小子识之，此言实而中，情而信。"《诗》曰：'战战兢兢，如临深渊，如履薄冰。'行身如此，岂以口遇患哉？"在周太祖后稷之庙堂这样庄严的地方，孔子以被封住口的铜像及其背后之铭文这一形象具体的事物告诫弟子们，为人处世要谨言慎行，谨防祸从口出，以此立身行事，才不会招惹祸端。

　　《说苑·敬慎》还记载了孔子观周的另一件事情：

　　孔子观于周庙，而有欹器焉。孔子问守庙者曰："此为何器？"对曰："盖为右坐之器。"孔子曰："吾闻右坐之器，满则覆，虚则欹，中则正，有之乎？"对曰："然。"孔子使子路取水而试之，满则覆，中则正，虚则欹。孔子喟然叹曰："呜呼！恶有满而不覆者哉！"子路曰："敢问持满有道乎？"孔子曰："持满之道，抑而损之。"子路曰：

"损之有道乎？"孔子曰："高而能下，满而能虚，富而能俭，贵而能卑，智而能愚，勇而能怯，辩而能讷，博而能浅，明而能暗：是谓损而不极，能行此道，唯至德者及之。《易》曰：'不损而益之，故损；自损而终，故益。'"

欹器，乃国君放于座位右边以示警戒的，它有"虚则欹，中则正，满则覆"的特点。孔子令弟子注水以验证，果得其然。孔子因而感叹："哪有东西盈满而不倒的呢！"于是，他跟弟子们谈论起了持满之道、损益之道。用现代教育理论来看，孔子特别注重情景教学法的运用。他总是利用一定的场域，用最典型的看得见的物体，让弟子们明白深刻的道理。在这段记载中，我们可以看出，孔子用欹器，并通过弟子亲自操作的方式，讲明了"满招损、谦受益"的道理，并且是在鲁桓公之庙这种庄严的地方。孔子这种教育方式，很值得我们发扬光大。

在现代社会，除了旅游之时，人们已经很少到庙堂里去了。庙堂所承载的精神也渐渐从人们的思想中分离出去，越来越多的年轻人甚至已不知庙堂为何物。其实，庙堂所树立的是千万民众的道德楷模和精神寄托，是老百姓信奉的守护神，是教人向善、奋发有为的引路人……我们要充分利用现有的为数不多的庙堂，如孔庙、各地的关帝庙、轩辕黄帝的祠庙以及道家、佛家的各种庙堂，发挥其净化世道人心的作用。

二、书院

书院是中国传统社会所独特存在的教育组织机构，是官学教育的重要补充。书院的产生有着十分悠久的历史。当初孔子开办私学，与弟子们共同组成了中国最早的民间学术团体，形成了早期书院的雏形。正式意义上的书院始于唐代,距今已有一千多年的历史。书院在其悠久的历史发展过程中,以儒家文化为主流,融合了道家文化与佛家文化的精华,以《诗》《书》《礼》《乐》《易》《春秋》等核心内容,逐渐形成了以"五伦八德"为教育宗旨的办学原则,鼓励学生"博学之,审问之,慎思之,明辨之,笃行之"。书院以诗、书、礼、乐为载体,注重灵活多样的问学方式,鼓励学生独立思考,勇于创新,强化"言忠信,行笃敬,惩恶扬善"的修身之要,突出待人接物秉持"己所不欲,勿施于人"的原则。书院在研读经典、传承文化、弘扬道德、普及知识、淳厚民风世风等方面发挥着不可替代的作用。书院为正心、诚意、修身、齐家,培养各类人才,为繁荣中华民族的学术文化做出了巨大贡献。

中国历史上有7000多所书院,中国古代书院的基本规制是由三个方面构成的,即讲学、藏书、祭祀。首先,这与我国古代重视图书的收藏与整理有密切的关系。最早的正式书院,是唐代的丽正修书院,后改为集贤殿书院,它也是我国历史上最早的官立书院,其功能主要包括刊辑古今之经籍、收藏整理图书、辩明邦国之大典,而备顾问应对、承旨撰集文章以及经筵讲学等。在宋代,书院在规模、性质与功能上都发生了变化。随着宋代理学的兴起,以讲授儒家经典为主的儒家学者的讲学之风带动了书院的蓬勃发展。例如范仲淹从政时设置学官,胡瑗等人则以"明经"、"政用"讲学设科。

注重文德教育是孔子以及中国书院的精神之所在。《易经·贲卦·象辞》曰:"刚柔交错,天文也;文明以止,人文也。观乎天文以察时变,观乎人文以化成天下。"以文化人,化成天下是以"文明以止"为教育目标和方向。《孔子家语·弟子行》中有言:"孔子之施教也,先之以《诗》、《书》,而道之以孝悌,说之以仁义,观之以礼乐,然后成之以文德。盖入室升堂者,七十有余人。"孔子施教,首先进行的是"文德"教育,也就是让学生树立起正确的价值观。孔子又说:"虽有国之良马,不以其道服乘之,不可以道里。虽有博地众民,不以其道治之,不可以致霸王。"有了正确的道,才会具有良好的品德;有了正确的价值体系,才会有良好的行为方式。孔子所培养的是有德的君子,只有有德的君子越来越多,国家才能强大。在书院文化的建设中,朱子的贡献非常大,他在福建建立"闽学",逐渐形成了完备的儒学体系,注重文德养成教育,对白鹿洞书院所写的"揭示",设有"五教之目"、"为学之序"、"修身之要"、"处事之要"、"接物之要",包含了丰富的孝悌之教、仁义之道,代表了书院的特性,说明了书院的教育与教学方式和方向。

祭礼也是书院教育的重要内容。《礼记·祭统》曰:"祭者,教之本也已。"一语道出了祭祀与教育之间的密切关系,即祭祀是教育的根本。祭祀有返本报始,不忘其初的深刻含义。如清人戴钧衡指出:"今天下郡县莫不有书院,亦莫不有崇祀之典。"(《桐乡书院志》卷六《书院杂议》)书院祭祀的对象包括祭"制作礼乐、以教后世者"的先圣先贤,以及传说中的尧、舜、汤、文等明王圣主,至圣先师孔子和其弟子等为书院的发展做出贡献的人物。这些祭祀活动,将先圣先哲作为榜样,尊先师先贤进而"传其道",引领后人立身有为,建功立业,激励生徒努力学习,将前人的事业发扬光大。

同时,祭礼也是人格养成的重要手段。祭礼的作用在于斋戒,《礼记外传》中说:"凡大小祭祀,必先斋,敬事天神人鬼也。斋者,敬也。斋其心,思其貌,然后可以入庙。斋必变食,去其荤膻也。居必迁坐,易其常处也。故散斋于外,致斋于内。"《礼记·祭统》中也说:"及时将祭,君子乃齐(通"斋")。齐之为言齐也,齐不齐以致齐者也。是故君子非有大事也,非有恭敬也,则不齐。不齐则于物无防也,耆欲无止也。及其将齐也,防其邪物,讫其耆欲,耳不听乐,故《记》曰:齐者不乐。言不敢散其志也。心不苟虑,必依于道;手足不苟动,必依于礼。是故君子之齐也,专致其精明之德也。故散齐七日以定之,致齐三日以齐之。定之之谓齐。齐者,精明之至也,然后可以交于神明也。"由此可见,斋戒实为养心修身的最妙方法。《周易·系辞上》所说"圣人以此斋戒,以神明其德夫",就是这个意思。斋戒不必非要祭祀才有,但每年的几次大的祭祀,祭前都需要斋戒一回。斋戒的时候,人们要节省思虑,修养精神,从而更好地锻炼精神、修养人格。

祭礼是改良社会风气的一种重要手段。孔子说:"慎终追远,民德归厚矣。"(《论语·学而》)祭祀最大的作用是让民德归于淳朴厚道。所以,孔子说:"明乎郊社之礼,禘尝之义,治国其如示诸掌乎!"(《礼记·中庸》)明白了郊社的礼节,大祭小祭的意义,治理天下国家也就像看自己手掌上的东西那样容易明白了。祭礼能够唤醒民众返始报本的观念,民风会归于淳厚,政事自然容易办理。

随着传统文化的复兴,近十年来书院如雨后春笋般在中华大地上兴起。据不完全统计,现在叫书院之名的就有5000多所,从事传统文化相关工作的新老书院总体数目已经超过明代,达2000所以上,足见当代书院复兴之活力。越来越多的企业家、教师、文化、教育等领域的爱心人士和志愿者,积极投身于各地书院的建设,以传承与发展书院传统的教化功能,并结合现代人的多元化需求,承载起净化人心、塑造人格的作用。如中国传统书院中的岳麓书院、嵩阳书院、白鹿洞书院以及江西的鹅湖书院,现代书院如山东省依托于"尼山书院"的历史品牌而创立的"图书馆+书院"的现代公共文化服务模式,铺设到150多家公共图书馆,通过开设大众讲堂、举办各类学术论坛、利用中国传统节日等进行民俗体验、开展"新六艺"活动等,将中华优秀传统文化以老百姓喜闻乐见的形式展现出来,让国学精粹活了起来,为文脉传承、教育推广和人才培养,发挥了重要作用。尼山圣源书院,是由学者牟钟鉴、颜炳罡、赵法生等教授于2008年创立的,依托书院探索推动乡村儒学。他们从儒家文化的发源地——山东省泗水县夫子洞村开始,带领一批年轻教师背着干粮下到基层,从孝道的推行开始,每个月中与月末定期开设两次乡村儒学课堂,重建乡村儒学。厦门的筼筜书院,于2009年7月落成,在山长王维生的带领下,以"旧学商量,新知培养"为理念,结合传统书院的规制和现代书院的特点,搭建起一座别样的文化平台。多年来,一场场高层次的学术活动汇聚了天下关注中华文化复兴的鸿儒高道,可以说,王山长主持下的筼筜书院已经成为自觉弘扬圣人之道的重要道场。

今天,书院的建设应借鉴中国传统书院的模式,使之成为培养人才、传承中华文化、"明经义"、"正人心"、"塑人格"的重要载体和场所。古代书院是成德之教,也是通识、通才的教育。发扬书院教育的内在精神,对于今天学校教育的纠偏补弊,尽快改变当下"道术将为天下裂"、"只重智、不重仁"、"职业为上、德性为下"之类的弊端,具有重要意义。

三、政风

社会风气的形成,受多种因素的影响,但作为各行各业的精英以及各级领导干部,其思想作风、工作作风、生活作风等,一直都是一般老百姓效仿的样板,直接影响着社会风气的好坏,正所谓"其身正,不令而行;其身不正,虽令不从"(《论语·子路》)。因此,作为领导干部,一定要严于修身,为政以德,为创造良好的社会风气贡献力量。

修身是一个漫长的过程。荀子云："水火有气而无生，草木有生而无知，禽兽有知而无义，人有气、有生、有知，亦且有义，故最为天下贵也。"（《荀子·王制》）在天地万物之中，人与动物最根本的区别是人能分辨出各种关系，懂得各种行为规范，这些行为规范，就是"礼"。"夫礼者，所以定亲疏，决嫌疑，别同异，明是非也"，"道德仁义，非礼不成；教训正俗，非礼不备。……是故圣人作为礼以教人，使人以有礼，知自别于禽兽"（《礼记·曲礼上》）。要作为一个真正与动物区别开来的人，就必须自觉地按照礼的规定去修身，谨慎对待自己的言行，使之在"礼"规定的范围内行事，尽力避免祸端的产生。

首先，摆正心态。"内圣外王"是儒家的终极追求，对历代知识分子都产生了深刻影响。那么，"外王"的目的是什么？是追求名利？还是安邦定国？这是每一个为政者必须弄清楚的问题。而对这个问题的不同回答，则反映了为政者迥异的世界观、人生观、价值观。其实，从古代社会的明君圣主尧、舜、禹、汤、文、武，到现代各行业所涌现出的精英，他们以实际行动说明了这个问题，那就是"以百姓心为心"（《老子》四十九章）。心中装着百姓，不计个人得失，甘于清贫，勇于奉献，鞠躬尽瘁，死而后已。

领导干部带头学国学，掌握其中的思想精华，对树立正确的世界观、人生观、价值观大有裨益。学民本之道，"为天地立心，为生民立命"；学修心之道，"修其心，治其身，而后可以为政于天下"；学"慎独"之道，遵纪守法，不碰底线；学廉政之道，"一丝一粒，我之名节；一厘一毫，民之脂膏"；学用人之道，"先有司，赦小过，举贤才"（《论语·子路》）。通过学习，摆正为政之心，掌握为政之道，才能真正地成为百姓心中的榜样。

其次，分清义利。趋利避害是人之本性。为了维护自身的存在，每个人都会追求一定的物质与精神财富，以满足生理与心理需求，这无可厚非。作为圣人的孔子，也不排斥对富与贵的追求，他说："富与贵是人之所欲也，不以其道得之，不处也；贫与贱是人之所恶也，不以其道得之，不去也。"（《论语·里仁》）孔子认为，富与贵，是每个人都向往的，贫与贱，是每个人都厌恶的，但富与贵的取得与贫与贱的去除，一定不能偏离"道"的要求，即不能违背社会规范，不能脱离"仁"的要求，"不义而富且贵，于我如浮云"（《论语·述而》）。义利之辩，始终贯穿于中国思想史的发展过程之中，其实质是辩证地处理好道义与利益的关系。重新审视义利的关系，不断加强修养，以"义"存心，"穷不失义，达不离道"，抵得住利之诱惑，做"穷则独善其身，达则兼善天下"之君子。

　　再次，辨明公私。朱熹指出，"官无大小，凡事只是一个公"。宋明理学家论治国的一个重要特征，就是特别注重出发点，也就是人心。因为在他们看来，制定制度、执行法令、推行政策的都是人，所以政治的核心和基础就是人。而人以心为根本，所以政治的根本在人心。因此，宋明理学家认为，对于政治中重要的主体官员来说，他们的心最重要。在朱熹看来，对于官员，公私之心的分别最重要："官无大小，凡事只是一个公。若公时，做得来也精采。便若小官，人也望风畏服。若不公，便是宰相，做来做去，也只得个没下梢。今之仕宦不能尽心尽职者，是无那先其事而后其食底心。"（《朱子语类·朱子九》）一个官，无论职位大小，做任何事的根本在于心是为公的，而不能是自私自利的。如果一个官员能做到自己的心是为公的，那么他就可以成为一个好官，即使他的官职很小，但他也会是百姓敬佩的对象。而如果他的心不是为公的，那么他就是做到了宰相，最终也是做不好事情的。所以朱熹提倡，要对官员进行教育，而官员也要自我修养，能够按为公之心去做事，只有这样才能把国家治理好。事实上，官员们因为处于那样一个拥有各种权力的位置，所以天然具有自私自利的便利性。这时候，他们就会很容易利欲熏心心渐黑，把公共的东西当成自己的东西，从而进行利用和侵占。于是，他们就成为了贪官污吏，而充满了贪官污吏的国家，怎么可能治理得好呢？所以朱熹说，一定要从整治官员们的心开始，让他们能改掉私心，一切从公心出发。因为只有从公心出发去做事，才算得一个官员，否则，他们就不配在这个职位上工作。这一说法，对我们现在的公务员和官员们仍然有警示意义。

最后，廉洁自律。廉洁，是从政者的道德规范，也称"仕人之德"。为政者能做到廉洁，社会就会风清气正，民心向善。所谓廉洁，就是要为政者立身清白，不贪求非分之财，这一规范要求人们做到慎独自律，见利思义。在中国历史上有大批的廉洁官员被载入史册，流芳百世；也有些因为贪赃枉法，遗臭万年。传统道德中的廉德在今天仍然具有十分重要的借鉴作用。

鲁国执政者季康子因受国内盗贼成灾的困扰而向孔子求教。孔子批评他太贪得无厌，否则就算他鼓励也不会有人去偷盗的。孔子为什么这么说呢？《左传》记载，鲁襄公二十一年，"邾庶其以漆、闾丘来奔"，邾国的大夫庶其，偷盗了邾国的漆、闾丘二邑前来投奔季武子，季武子不仅把国君的姑母嫁给了他，还赏赐了那些跟他叛逃的人，这种赏赐盗贼、鼓励盗窃的做法，不仅不能禁止盗贼，还引发了鲁国盗贼成灾。"君子之德风，小人之德草"，孔子批评季康子，不能有贪念、存贪心，因为一旦有了贪欲，就会影响下面的人，为政者是百姓效法的对象，政风不正，社会风气就很难从根本上得到扭转。

除去繁杂
只讲心性
便是相知

可见，保持一颗平常心，知足常乐，淡定地看待生活中的得与失，心怀"得志，泽加于民；不得志，修身见于世"（《孟子·尽心上》）之志，养"饭疏食饮水，曲肱而枕之，乐亦在其中矣"（《论语·述而》）之情，行"君子谋道不谋食"（《论语·卫灵公》）之道，守住为人之道、为政之道，是每个人必须坚持的修持之道。

第四章　尊道贵德——人格养成的方法

　　圣人是中国文化中理想人格的典范,是做人的目标与方向。"良知是每个人成圣的内在根据。这个根据是完全充分、没有欠缺的"①,只要致良知,依照圣人的标准去修养,去践行,人人都有成圣的可能。在中国历代圣贤的心中,尊道贵德,唤醒每个人对良知的信心,是提升品德,养成人格的关键。在"尊道贵德"的基础上,立志、好学、自省、笃行便是理想人格养成的具体方法与步骤。

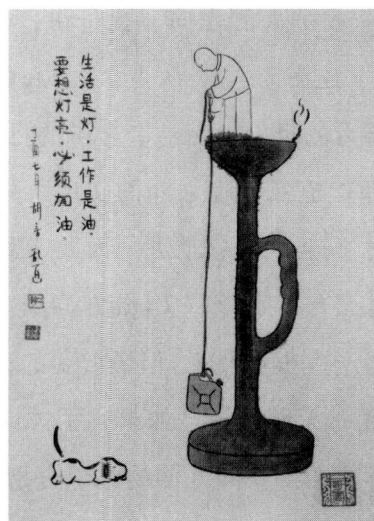

---

① 　陈来:《有无之境》,北京大学出版社2013年版,第159页。

第一节　立志

　　"志不立,天下无可成之事","有志者事竟成",上至君王,下至百姓,要想做出一番事业,没有志向是万万不行的。所以,历代圣贤都把立志当成成就人生的关键。早在两千多年前,孔子就提出"三军可夺帅也,匹夫不可夺志也"(《论语·子罕》);孟子提倡"尚志"(《孟子·公孙丑上》);诸葛亮将"非澹泊无以明志,非宁静无以致远"写入其《诫子书》;宋代的大儒朱熹则把"立志"当成学圣人之道的先决条件,指出"人之为事,必先立志以为本;志不立,则不能为得事"(《朱子语类·大学五》)。可见,立志是人格养成的第一步。

　　一、立志,确立人生的航向

　　《说文解字》云:"志,意也。从心,之声。"志,表示内心的目标。立志,就是从心里立一个成圣人的志向。孔子讲:"志于道,据于德,依于仁,游于艺。"(《论语·述而》)孔子认为,一个人要想成为君子,首先是要立志,也就是确立努力的目标。而一个君子的目标应当是什么呢? 就是道。而孔子的道,即仁道及其在人间的实现。只有立定志向,人的学习和努力才有方向,才不至于困惑难进。因此,心学的创始者陆九渊指出:"人惟患无志,有志无有不成者。"(《陆九渊集·语录》)陆九渊认为,日常生活中的人们,会产生很多忧患,但最重要的、最应该忧患的是没有确定的志向,心思散乱而无所事事。如果有了志向,则在此志向的推动引导下,做事就没有不成功的。陆九渊的心学直指本心,强调立志,因为他认为立志是最优先的东西,是确定人生方向的关键所在,而没有志向的生活将是困惑的。

王阳明的弟子陆澄曾十分困惑,他认为自己的知识学问没有长进,便向老师请教,问应该如何做。王阳明作了个形象的比喻,他说:

> 立志用功,如种树然。方其根芽,犹未有干;及其有干,尚未有枝;枝而后叶,叶而后花实。(《传习录》)

王阳明告诉陆澄,立志用功,就如同种树,是培植根基的功夫。先有种子,再有根芽,再有枝干花果。若是没种下种子,即使有再多的努力,任凭怎样的辛苦劳作,施肥浇水,也不会生根发芽,枝繁叶茂,硕果累累。所以,为学必须找到根本,从本原上下苦工,循序渐进,方有所成。对于人来讲,立志,就如同种下一颗种子。刚种植时,不要幻想枝繁叶茂与硕果累累,只需精心栽培浇灌,枝繁叶茂、硕果累累是必然的结果。可是,怎样立志? 王阳明回答道:

> 只念念要存天理,即是立志。能不忘乎此,久则自然心中凝聚。犹道家所谓结圣胎也。此天理之念常存,驯至于美大圣神,亦只从此一念存养扩充去耳。(《传习录》)

立志首先要关注自己的内心,只要念念存天理,就是立志。王阳明咏良知的诗中说"人人心中有仲尼",只要能时刻不忘记这一点,久而久之,心自然会凝聚在天理上,就如道家所说的"结圣胎"。天理意念长存,慢慢达到孟子所说的美、大、圣、神的境界,这一境界正是从心中最初的心念存养开始扩充延伸的。人只有反观自省,充分地向内求,才能真正向外走。但人们往往关注外在的"事业",而忽视了内在的积淀,这样常常会导致生长瓶颈或后发无力。

在生命的航行中,"尊道贵德",相当于选择了一条正确的道路。"心之良知是谓圣",立志就要念念存天理,把握好方向盘,只要一路上心志恒定,方向才不会偏斜,最终才能达到目的地。

二、立志,种下心中的种子

古往今来,但凡杰出人物,莫不是少年立志,胸怀广阔,志存高远。立志既是目标更是境界:目标指明方向,过程充盈人生。生命在进展过程中不能没有目标,选定人生的目标谓之立志。

王阳明说:

> 志不立,天下无可成之事,虽百工技艺,未有不本于志者。(《王文成公全书·教条示龙场诸生》)

王阳明告诫弟子,志向不树立,天下就没有可成功的事,即使是各种工匠技艺,也是靠志气才学成的。事业尚且如此,人生何独不然? 在他看来,人人必须先立志,只要有了志向,无论是圣贤豪杰,还是百工技艺,都有成就事业的可能。"故立志而圣,则圣矣;立志而贤,则贤矣。"(《王文成公全书·教条示龙场诸生》)志向如船舵,船失去了舵,就会随波逐流。志在圣贤,就是志于道,志道是从"心"上入手,树立正确的价值观、思维体系,并以此作为生命的立足点,不断扩大心胸,以戒为师,在事上磨炼,最后达到"成己成物"、"修己安人"的境界与目标。

王阳明12岁的时候,他向私塾先生提了这样一个问题:"何为人生第一等事?"这相当于在问,人生的终极价值是什么? 当老师回答说是金榜题名、考取功名才的时候，王阳明说出了自己的看法："人生第一等事是读书做圣贤。"王阳明能成为中国历史上罕见的立德、立言、立功的圣人，与他少年时定立圣贤之志有关。王阳明集心学之大成，倡导"致良知"、"知行合一"，通过这种在心性和实践上的双重磨练，终有所成。

　　尽管立志对人之一生很重要，但"志"却不是谁想立就能立起来的。我们都有这样的经历，有时下了决心要去做一件有意义的事情，一开始激情澎湃，干劲十足，然而，很快就半途而废，回到原初状态。究其原因，是自己的决心、意志太差。对大多数人来说，人生便成了一件遗憾而又无可奈何的事。真正的立志，是解决好人与自我的关系，让心做自我之主宰；是向自己的内心发问，要成就一个怎样的自我。一个人后天的齐家、治国、平天下的智慧和本领，最终都要归结到人生的目标、个人的志向这个根本上来。

三、立志,奠定意念之善

立志如同在心中播下一粒种子,纵然盼它发芽、开花,但还是要有足够的耐心,矢志不渝地去做一些诸如培植、灌溉、除草等具体的工作,然后静候它自然生发,而这种生发的力量是自然的,非人力所能及。所以立志要求对于其他的诱惑能够淡然处之,而让自己全力于志向所在。诸葛亮指出:"非澹泊无以明志,非宁静无以致远。"(《诫子书》)诸葛亮认为志向是学习的动力,人必须先要有一个远大的理想,才能为之去学习、去增广才能。那么如何才能立一个远大的志向呢? 就是要淡泊,不要为名利那些狭隘而短视的东西所迷惑,不能以它们为自己的奋斗目标,如果那样的话,自己的一生将很浅薄而自我浪费。真正的志向,是一定要在清心寡欲中来寻找的,那样,就将看到更广阔的天地,自己的人生也将因之而变得很有意义。立志之后,还一定要做到宁静,也就是不为外在的东西所打扰。因为外在的享乐和过分的浮躁,都会造成学习和努力的荒废和怠慢,这样就会极大地影响学习与努力效果。而且,不宁静的话,我们的志向也会为现实所扭曲。因此,一定要让自己的心宁静下来、专一起来,对于其他的东西就心无旁骛。

王阳明与弟子薛侃的谈话也道出了其中的道理。

> 侃问:"持志如心痛。一心在痛上,安有功夫说闲语、管闲事? "
>
> 先生曰:"初学功夫,如此用亦好。但要使知'出入无时,莫知其乡'。心之神明,原是如此。功夫方有着落。若只死死守着,恐于功夫上又发病"。(《传习录》)

师徒的对话表明,持志要真切务实,就如同得了心绞痛一样,要时时刻刻关注，老老实实去为善去恶，去做具体的事，把功夫落到实处，这样一来自然心无旁骛。

让心志恒定，应该聚焦在哪里？焦点就在去除心中的偏斜，保全本体的纯正。正其心中不正，以全其本体之正。要将其聚焦在我们的"意念"上。"立志者，长立此善念而已。"立志，就是在念头上为善。

关于为善，人们往往会想到做慈善，把看得见、摸得着的善行叫做善。但从心学的角度来说，其关注的焦点却在隐微不明的念头里。儒家讲"非礼勿视，非礼勿听，非礼勿言，非礼勿动"，佛家讲"善护念"，关注的焦点都在起心动念上。为善要从意念上开始，意念看似虚无缥缈，微不足道，但却有着惊人的力量。只要意念里有私邪，做的事情就不能俯仰无愧、光明正大，走的路就会偏斜。当一个念头在心中出现，就是"意"。意念源源不断，有善意、有恶意，若恶意一出来，就需要我们除去心中不正的意念，这也是王阳明所说的致良知的功夫，也是《大学》里"格物"、"致知"的功夫。

普通人的心被七情六欲的意念所占领，这些念头如同乌云、阴霾一样遮蔽了人的良知。圣人的心，无私无欲，如青天之日；贤人的心，少私少欲，如浮云天日；愚人的心，贪欲炽烈，阴霾重重。认识到这一点，聚焦在我们心中起心动念的一个个意念上，格正了一个"意"，就"诚"了一个意。意念纯正了，心自然就正，心正了言就正，立的志才能正，走的道路才能正。不知不觉间，已经进入圣贤之域了。

弃除私欲，致其本然之良知，就能虽愚必明，虽柔必强。所以，回到内心，精察心中良知一念之微，免生毫厘千里之谬，这就是立志，也是致良知的功夫。从心上立志是一个人生命的立足点，也是人的动力源泉。只要能念念致良知，存天理，就可以从源头上解决人生中面对的诸多问题。此之谓"意诚而后心正,心正而后身修,身修而后家齐,家齐而后国治,国治而后天下平"。

四、立志,获取幸福的支点

什么是幸福? 每个人都会有不同的答案。幸福是一种深层次、长久的、内心的体验感受,是一种发自心底的真乐。它不同于七情之乐,也不外于七情之乐。一个发自内心感到幸福快乐的人,离不开对人、对事的仰俯无愧。

颜回是孔子最得意的弟子,孔子在不同的场合多次称赞他,《论语·雍也》记载:

> 贤哉,回也! 一箪食,一瓢饮,在陋巷,人不堪其忧,回也不改其乐。

《论语·述而》里孔子有一段话跟上面相应,他说:"饭疏食饮水,曲肱而枕之,乐亦在其中矣。不义而富且贵,于我如浮云。"无论是孔颜之乐,还是王阳明所说的"乐是心之本体"(《传习录》),在乐的背后,传递出来的都是使人超然于外在世俗的穷达、夭寿等各种境遇的一种境界智慧,是道德修养中达到了一定精神境界所表现出来的心灵层次,是让心回归"乐"之本体,安住于本心的一种状态,达到这种状态的人,穷达、夭寿都无碍他生命的饱满。所以,宋明大儒在招纳弟子的时候,都要问这个问题:"孔颜之乐,所乐者何? "

"孔颜之乐"是一种来自于心之本体的体验,与基于个人身心欲望满足的世俗之乐不同,世俗之乐是暂时的、外在的、依赖于外物才能得到的快乐。试想,一个不能安住于穷苦的人,又岂能安住于富贵? 即便有一

天凭借努力达到了富贵,依然不能安住于富贵,仍然会有层出不穷的烦恼与困惑。所以,孟子说:

> 富贵不能淫,贫贱不能移,威武不能屈,此之谓大丈夫。(《孟子·滕文公下》)

只有大丈夫才能做到处富贵行乎富贵,处贫贱行乎贫贱,处夷狄行乎夷狄,处患难行乎患难。富贵、贫贱、患难、夷狄这些逆境困境都不能改变其志向,只有大丈夫才能在各种境遇中从心所欲,不改其乐。孔子周游列国,陈蔡绝粮不改其志;司马迁遭受牢狱之灾,忍受宫刑之辱,写就千古绝作;苏武异邦牧羊,数十载持节不屈,终圆归乡梦;王阳明谪贬贵州,不折其圣人之志。所以,立志是勇敢坚毅所由生,忧虑恐惧所由去的关键。有志的人,因所见者远,所期者大,故不容易为眼前的困难所阻挡,即使遇到艰难险阻,也会坦然面对和接受,尽力克服。有志者事竟成,讲的就是这个道理。

在中华传统文化中,人生道德修养的功夫占有很重要的位置,古人往往把提升人的道德境界、道德品格放在第一位。王阳明说:"常快活便是功夫。"能否发自内心的真乐,已经成为衡量一个人人生境界和修养的重要标准。

有一则小故事,说的是张载写成了一篇文章,请程颐指点。程颐看后回复说:

> 所论大概,有苦心极力之象,而无宽裕温厚之气。……欲知得与不得,于心气上验之。思虑有得,中心悦豫,沛然有裕者,实得

也。思虑有得,心气劳耗者,实未得也,强揣度耳。……须潜心默识,玩索久之,庶几自得。(《近思录》卷三)

程颐从张载的文章中,看出的只有"苦心极力之象",而没有读出"宽裕温厚之气",这与张载为学都是为了让人人离苦得乐、拯救人性的人间至理这一追求是相悖的。其实,志学与志道是分不开的,志学强调的是学习的重要性,志道则是强调学习的主要内容,一种为学是"苦心极力",另一种为学则是"宽裕温厚",两者形成鲜明的对比。前者是为了写文章而写文章,后者则是有感而发,自然天成。为学,也许是行云流水,也许是晦涩艰辛,好与不好、得与不得自己心里最清楚。中华传统文化中的圣人之学,就是为人之道,为学之方。读书是为了明理,因此,程颐建议张载要"潜心玩索",与圣人印心,才能离言得义,学到圣学之真谛。

孔子晚年对自己一生做了总结,给我们指出了一条如何能提升幸福感、找到人生支点的光明大道。孔子说:

吾十有五而志于学,三十而立,四十而不惑,五十而知天命,六十而耳顺,七十而从心所欲不逾矩。(《论语·为政》)

这是孔子对自己一生的精辟概括。李贽把这句话概括为"孔子年谱,后人心诀"(《四书评·论语》一)。从这一总结中我们可以读出,立志与人生的每个阶段都有很大的关系。如何坚守信念、矢志不渝,是生命历程各个阶段都要提交的答卷。简而言之,青少年是价值观形成的关键期,目标的确立、内在价值体系的建构、方向的引领都至关重要,因此,要适时而教,立志要趁早;中年是人生志向的践行期,要秉承"素其位而行,不愿乎其外"(《礼记·中庸》),抵制各种诱惑做到"穷则独善其身,达则兼善天下"(《孟子·尽心上》);老年是对自己一生持志过程的回顾、检验与自我考核。由此可见,立志是成就人格,是成就功业不可或缺的先决条件。

王阳明说"心之良知是谓圣,圣人之学,惟是致此良知而已"(《王文成公全书·书魏师孟卷》)。良知即圣,一辈子只做一件事,也就是一辈子只依据良知来做事,俯仰无愧,外面的事业成功了会幸福,不成功照样会幸福。因为幸福不在于外在的结果,而在于体验人生的过程,找到了内在的良知这个评价标准,就树立起了内在的价值体系,也就是今天我们所说的价值观。这也是我们中国人的信仰。

以这个参照体系作为比照和支撑。只要问心无愧,便可以心安,安住于道德心,慢慢地就会改变心态,改变对事情的看法,成就一个心体光明的大人。张载的四句话"为天地立心,为生民立命,为往圣继绝学,为万世开太平"是一个君子大人的志向,范仲淹的"先天下之忧而忧,后天下之乐而乐"也是中国人志向的一种表达。

种树先培其根,做人先立心志。找到了良知,也就树立起了内在的价值体系;找到了信仰支撑和幸福的支点,找到了一个人生命的终极意义,人生才能真正立起来。立志于外在之事,终有枯竭之时,而且自己做不得主;立志于心,便内有主,心有光,有取之不尽用之不竭的动力源泉! 立一个与天地万物一体的仁心,一个成圣贤的志向,既是值得一生追求的理想,也是快乐幸福的根源。

第二节　好学

　　《礼记·中庸》云："好学近乎知。"好学非智，然足以破愚，故近乎知（智）。中国传统中的"好学"应包含学知识和学道两个方面。宇宙间浩瀚无边的事物，皆为知识之材料，而且知识仍然在随着新事物的不断增加而扩充，故学无止境。不好学，则无新知补充，人必然会落后落伍，所以，孔子说："学如不及，犹恐失之。"（《论语·泰伯》）然而知识虽在无限扩充，而人的生命却有期限，正如庄子所言："吾生也有涯，而知也无涯。以有涯随无涯，殆已。"（《庄子·内篇·养生主》）故需要有"道"来统御人生。学道是心性的修养，是良知的彰显，是内在价值体系的建立，也是人生前进的方向。知识的扩充虽在智力上为我们添砖加瓦，但在智慧层面上却少有增益。中国之所以有太多精致的利己主义者和高学历的"野蛮人"，正是因为对这些人缺乏道德良知教育。知识是力量，然良知才是方向。所以我们要寻求一种有效的方法，可以以简驭繁，以一贯之统御无限的知识材料，以不变应万变。而要学习"究天人之际，通古今之变"的大学问，就要回到中华传统文化中，以解决困扰我们修身、齐家、治国中的诸多疑惑。

　　《说文解字》云："学，觉悟也。从教，从冖。冖，尚矇也，臼聲。"即"冖"表示尚处于蒙昧的状态。"学即觉悟。关于"好学"，孔子云："君子食无求饱，居无求安，敏于事而慎于言，就有道而正焉，可谓好学也已。"（《论语·学而》）"温故而知新，可以为师矣。"（《论语·为政》）"学而时习之，不亦说乎？"（《论语·学而》）其弟子子夏说："日知其所亡，月无忘其所能，可谓好学也已矣。"（《论语·子张》）好学离不开日积月累，温故而知新，要勤恳用功，而且一步不能放松，以至于废寝忘食，这样才能称得上是"好学"。

对于学习的内容,我们的先人有着系统完备的思考,直到今天,这些内容仍然值得借鉴和学习。孔子作为最早的教育者,深谙"化民成俗,其必由学"的道理。他"述而不作,信而好古",周游列国,纂修"六经",把承载天地之道的"六经"作为教育学生的教科书,以成圣贤、"止于至善"为宗旨目标,以人伦教育为主要内容,针对不同的年龄,适时而教。无论是童蒙养正、少年养志,都是让人变化气质,来"生德于中",涵养正气,继而化民成俗,来改善我们的社会风气。

中国传统的教育将知识教育与德行教育融为一体,学习的内容大体分为三类:一是道法自然,学习和效仿宇宙自然的规律和法则;二是以史为鉴,通过研读书籍,借鉴前人的成果和经验;三是从人伦日用的实践中,学习为人处事之道。

通过以上这三方面来学习为人之道与为学之方。楼宇烈把"为人之道与为学之方"总结为中国传统教育的根本理念和宗旨,并指出绝不能把"立国之本"的教育理解为知识的学习①。为人之道是根本,只有抓住了这个根本,才可以举本统末。朱熹在《大学章句序》中明确规定了不同年龄阶段的学生学习的主要内容。

一、为人之道

《论语》的第一句话就是关于学的:"学而时习之,不亦说乎? 有朋自远方来,不亦乐乎? 人不知而不愠,不亦君子乎? "中国人历来重视学习,儒家对学习尤其强调,又《论语》中"学"字就出现了六十四次。这是因为古代中国是一个农业社会,因此对历代积累的农业经验相当

① 楼宇烈:《中国文化的根本精神》,中华书局2016年版,第69页。

重视,所以人们的生活离不开知识。而孔子在这里又把学和习并提,这就告诉我们,中国的学问,从来不是单纯知识性的学问,而必须是可以用于实践的学问。而这个学习的过程,并不是一个严苛的应试教育方式,而是把书本知识的学习有机地和类似于现在的社会实践相结合,带有应用性和创造性的教育方式。人们通过这种方式学习,当然是相当愉快的。

于是,在学习中,有同道好友从远处来和自己切磋,不仅能让自己在情感上得到一种同声相应的满足,更能在见闻上得到增广,在对学问的理解上得到一个对话和提升,这样难道不是很愉快么?而经过对学问的不断学习、切磋,我们的人格就会逐渐向君子靠近。这时的我们,已经学有所成,按说应当有所闻达了。但实际上,因为各种客观的遭际,我们可能常常并不为人所知,或者不为人所了解。在这种情况下,一般人会怨恨别人的无知和浅薄,感叹自己生不逢时。然而真正学有所成的有修养的君子,却并不会为之而懊恼,他不仅会将原因归于自己的学问尚有所不足,而且因境界上早已超过了闻达的层次,所以对此根本不会介意。真能够做到这点的,就是一位君子了。而这就是我们学习的目标。

可以说,《论语》第一章,不仅指出了学问之道的方法和路径——学习和与朋友切磋,也点出了学习的最终人格目标——成为一位君子。编《论语》者以此为第一章,其深意可见。而儒家的精神,亦深深蕴含在这短短的三十余字中。

朱熹在《大学章句序》中说:

三代之隆,其法浸备,然后王宫、国都以及闾巷,莫不有学。人生八岁，则自王公以下，至于庶人之子弟，皆入小学，而教之以洒扫、应对、进退之节，礼、乐、射、御、书、数之文。及其十有五年，则自天子之元子、众子，以至公、卿、大夫、元士之适子，举凡民之俊秀，皆入大学。而教之以穷理、正心、修己、治人之道。此又学校之教、大小之节所以分也。

夫以学校之设，其广如此，教之之术，其次第节目之详又如此，而其所以为教，则又皆本之人君躬行心得之余，不待求之民生日用彝伦之外，是以当世之人无不学。其学焉者，无不有以知其性分之所固有，职分之所当为，而各俯焉以尽其力。此古昔盛时所以治隆于上，俗美于下，而非后世之所能及也。

早在时代久远的夏、商、周时代，我们的祖先对生产、生活法则的认识，以及在典章制度的建立等方面都积累了丰富的经验，逐渐达到了比较齐备的程度。为了传承这些经验，从王宫到都城，到一般的城市与乡间，无不设立学校。一般而言，人八岁而入小学，开始学习洒扫、应对、进退之节，及礼、乐、射、御、书、数之文。这个阶段的学生注重的是行为规范的养成。

人生活在社会中，就要学习如何与他人相处，待人接物这些基本的为人之道，这就是礼之教化，其本质是一种关于良好生活习惯的养成教育。"不学礼，无以立。"（《论语·季氏》）礼是一个人安身立命的根本，让一个人在社会环境中知道自己的本分，这一点尤为重要，有规矩才能成方圆。关于孩子的教育，洒扫、应对、进退本质是一种生活习惯的养成，是一种行动的导向，学习的过程是一种模仿。刘向在《说苑·反质》中记载了这样一个故事：

公明宣学于曾子，三年，不读书。曾子曰："宣而居参之门，三年不学，何也？"公明宣曰："安敢不学？宣见夫子居宫庭，亲在，叱咤之声未尝至于牛马；宣说（悦）之，学而未能。宣见夫子之应宾客，恭俭而不懈惰；宣说之，学而未能。宣见夫子之居朝廷，严临下而不毁伤；宣说之，学而未能。宣说此三者，学而未能。宣安敢不学，而居夫子之门乎？"曾子避席谢之，曰："参不及宣，其学而已。"

公明宣跟随曾子三年没有读书，但在这三年里，公明宣却从曾子身上学习了孝道、应对、进退等待人接物的方式，学习了为官之道，这些都在潜移默化中使他终生受益。这种向榜样学习的方式，更直观、更容易学，效果也更好。因此，不能片面、狭隘地理解读书学习，读书学习不能局限于知识技能的学习，更要学习无处不在、无处不有的经世学问、道德文章。当然，青少年时期如果能将书本知识的学习与实践相结合，效果会更好。

古代的学习除了洒扫、应对、进退之道，还要学习礼、乐、射、御、书、数之文，此六者也被称之为"小六艺"。礼，就是讲授日常伦理、待人接物的行为规范，相当于品德课。乐，就是音乐艺术课，通过孩子喜闻乐见的形式学习常识，加强对孩子艺术素养的熏陶。射，是通过射箭这样一种体育活动，锻炼体能，让孩子观礼，以射正身心。御，即驾车，这是训练军事素养。书，就是识字、写字。数，就是数学。

可见，传统文化中小学所学的洒扫、应对、进退之节，及礼、乐、射、御、书、数之文，既是完备的教育体制，也是通过寓教于乐来童蒙养正，养成良好行为规范、培养道德品质的重要途径。通过这些基本的做人做事道理的学习，将所学内容一字一句落实到身上，变成为人之道。

二、为学之方

如果说小学学的是做人、做事的基本法则,那十五岁之后大学阶段的教育,主要是学习穷理、正心、修己、治人之道。正如陈来总结说,在宋明时期,"为学之方,兼指古人所谓的'道'和'学'两个方面"[①]。正如老子所说"为学日益,为道日损"(《道德经》),"为道"包括精神境界的培养,价值观的确立,做人道理的学习,通过明理以达用。"为学"表示外在知识、技能的学习与积累。这是两种不同领域的学习内容,要求的方法不同,不能混淆。中国的传统教育从小学到大学,都把"为道"、道德品质的培养放在第一位,适时而教是传统教育的一大特色。十五岁是一个年龄的分界线,在古代,十五岁时,贵族子弟、民之俊秀,都要入大学。在大学中,学的是《诗》、《书》、《礼》、《乐》、《易》、《春秋》,也就是人们常讲的"六经"。

王阳明在谈到"六经"与"吾心"的关系时说:

> "六经"者非他,吾心之常道也。故《易》也者,志吾心之阴阳消息者也;《书》也者,志吾心之纪纲政事者也;《诗》也者,志吾心之歌咏性情者也;《礼》也者,志吾心之条理节文者也;《乐》也者,志吾心之欣喜和平者也;《春秋》也者,志吾心之诚伪邪正者也。君子之于"六经"也,求之吾心之阴阳消息而时行焉,所以尊《易》也;求之吾心之纪纲政事而时施焉,所以尊《书》也;求之吾心之歌咏性情而时发焉,所以尊《诗》也;求之吾心之条理节文而时著焉,所以尊《礼》也;求之吾心之欣喜和平而时生焉,所以尊《乐》也;求之吾心之诚伪邪正而时辩焉,所以尊《春秋》也。(《王文成公全书·稽山书院尊

---

① 陈来:《有无之境》,北京大学出版社2013年版,第261页。

经阁记》)

王阳明认为,"六经"对他来说,不是别的,只是人心中永恒不变之道而已。陈来在《有无之境》中解读阳明心学中"吾心"与"六经"的关系时说:"经典的全部意义在于记载了人心固有的价值,指示了现实、挖掘固有价值的方法,同时学习经典的过程提供了求至善的具体形式即存天理去人欲借以实现的具体过程。"① 所以,"六经"有着穿越古今的生命力,"六经"是从人心和人性出发,让人明心的说明书、使用手册。"六经"各有侧重,但有着共同的立足点,本于人心与人性,还有着同一个方向,那就是正人心,目的就是"生德于中",培养人中正无邪的品质。《礼记·经解》云:

> 入其国,其教可知也。其为人也,温柔敦厚,《诗》教也;疏通知远,《书》教也;广博易良,《乐》教也;洁静精微,《易》教也;恭俭庄敬,《礼》教也;属辞比事,《春秋》教也。

进入一个国家,看国人的举止、修养、学识,就可以知道他们受教育的情况。人们温和、柔顺、忠厚,就是以《诗》教化的结果;博古通今而有远见,就是以《书》教化的结果;豁达、平易而又善良,就是以《乐》教化的结果;内心洁净、精查隐微,就是以《易》教化的结果;恭敬、节俭又端庄,就是以《礼》教化的结果;善于连缀文辞、排比史实,就是以《春秋》教化的结果。

而对于具体的学习方法,孔子有非常多经典的表述,如"学而不思

---

① 陈来:《有无之境》,北京大学出版社2013年版,第226页。

则罔,思而不学则殆"(《论语·为政》),孔子强调在学习中要"学思并重",学就是学习礼、乐、射、御、书、数以及各种文献经典,思就是思考学习中以及现实中的问题,即一个良好的教育和正确的学习过程,必须使人既会学习,又会思考。"君子食无求饱,居无求安,敏于事而慎于言,就有道而正焉,可谓好学也已"(《论语·学而》),孔子认为在学习中要勤奋刻苦,不惧贫贱,坐得冷板凳,同时要少说多做,经常向他人请教。"君子博学于文,约之以礼"(《论语·雍也》),孔子认为学习要博约相济,约要以博为基础,而博最后必须能达到约,也就是说学习首先要博,泛观博览、广学百家学问,然后从中得到一个能够统领全部的一以贯之的见解,这就是约。一个人的学习只有达到博约相济,才是真正有益的学问。

在学习的过程中,正心非常重要。因为儒家的学问不仅是文献的学问,更是成德成人的学问,所以若仅仅在经书中考究,终归是"抛却自家无尽藏,沿门托钵效贫儿"。因此在学习中,其实也是锻炼和演习正心的过程。而这一过程如同驾车,若把时间与精力都用来读说明书,即使研读一百本依然不一定会驾车。学习经典的关键,是印心,要在自身的心中沿着经典指明的方向去探索和学习经典,践行经典,明理以达用,通晓人事,变化气质,完善人格,通过不断的践行去拓展知识与技能,以简驭繁。"六经"是在现实世界中帮助人们过上心灵生活的操作实务,除《乐》失传,其余"五经",静静地期待着更多的人,走近它,感悟它,传承它,发展它。

另外,就学习来说,还有一点非常重要,就是终生学习的理念,用荀子的话说就是"学不可以已"。荀子认为:"学不可以已。青,取之于蓝,而青于蓝;冰,水为之,而寒于水。木直中绳,𫐓以为轮,其曲中规。

虽有槁暴,不复挺者,𫐓使之然也。故木受绳则直,金就砺则利,君子博学而日参省乎己,则知明而行无过矣。"(《荀子·劝学》)这是说:学习是不能停下来的。青色,产生于蓝色之中,但比蓝色更深;冰,是水形成的,但比水更寒冷。一根笔直的木头,经过制作可以成为轮子,而其弯曲度可以符合圆规的标准。即使被暴晒,也不能再变回直的,这是因为它经过了加工。木头经过墨线量过就能被做成直的,金属经过打磨就能变得锋利。因此君子广泛地学习知识而每天反省自己的行为,就可以有智慧而行为没有过错了。这段话将人如何变成君子,进行了很好的论说。而对于如何学习,荀子也讲了很好的三点:一是要勤学经典,不可胡思乱想;二是要持续积累,从点滴抓起;三是要注意环境,去除坏的影响。而贯穿于学习中的总的纲领,就是"学不可以已"。学习永远不能够停下来,学习是永无止境的。且不论知识的内容无穷无

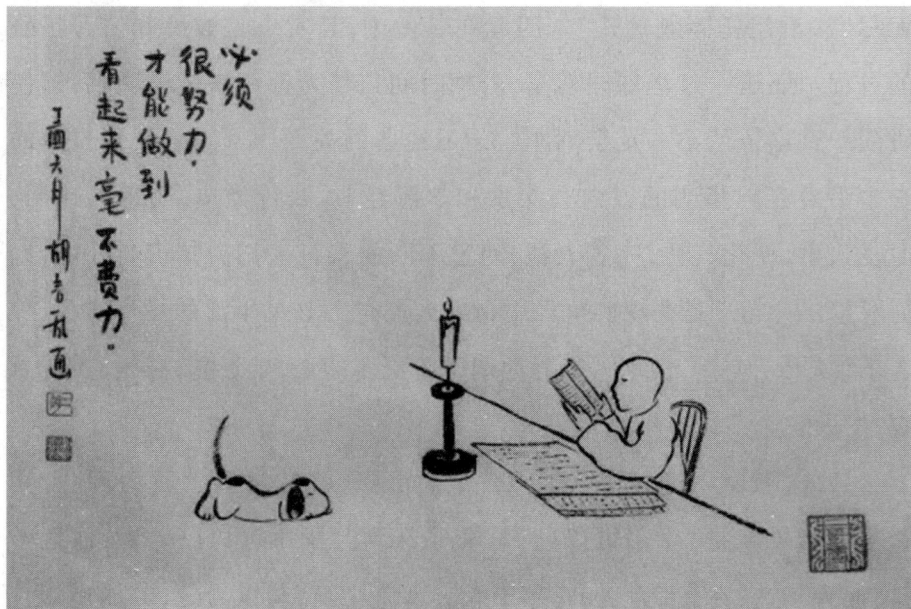

尽，人的一生无从穷尽；即使是就身边来说，我们始终会碰到新的人和物，要想理解他们，也都要去学习；纵然有一天豁然贯通了大道，那么还面临着验证大道和将大道落实的问题，这仍是要学习的。所以活到老、学到老，确实是真理。我们只要停止学习，就会让自己的修养和知识停步不前，就会无法让自己进步和提高，这是一个好德的君子不允许的。

第三节　自省

自省是一种自我管理。自我管理首先要向内求，凡事反求诸己，从心与行动上用功。自省犹如一面明镜，照亮心中的污垢；自省如涤荡心灵的一股清泉，将思想中的浅薄、粗陋、浮躁、自满、自卑等涤荡干净。从心上开始的自省就是致良知，是自我定期检查与自我纠偏，以省察自己过去的言行有无错误和不当之处，做到见贤思齐，见不贤而内自省；有则改之，无则加勉。自省是自我道德完善的重要方法。

一、自知是自省的前提

老子云："知人者智，自知者明。"(《道德经》三十三章》)他告诉我们，了解自己的人才是高明之人。自古成就功业的人，都有知人的智慧。《汉书·高祖纪下》记载：

> 帝置酒雒阳南宫。上曰："通侯诸将毋敢隐朕，皆言其情。吾所以有天下者何？项氏之所以失天下者何？"高起、王陵对曰："陛下嫚而侮人，项羽仁而敬人。然陛下使人攻城略地，所降下者，因以与

之，与天下同利也。项羽妒贤嫉能，有功者害之，贤者疑之，战胜而不与人功，得地而不与人利，此其所以失天下也。"上曰："公知其一，未知其二。夫运筹帷幄之中，决胜千里之外，吾不如子房；镇国家，抚百姓，给饷馈，不绝粮道，吾不如萧何；连百万之众，战必胜，攻必取，吾不如韩信。三者皆人杰，吾能用之，此吾所以取天下者也。项羽有一范增而不能用，此所以为我禽也。"群臣说服。

　　刘邦认为，自己之所以能够战胜项羽，是因为有自知之明，以他人之长补己之短。他指出，"论运筹帷幄之中，而决胜千里之外，我不如张良；论镇守国家，安抚百姓，供给粮饷，不绝粮道，我不如萧何；论指挥百万大军，战必胜，攻必取，我不如韩信"，正是因为了解了自身的不足，才重用了张良、萧何与韩信三位人中豪杰，这才是取得天下的原因。相比之下，项羽只有一个范增还不能用，谁胜谁负，自然分明。

　　做"自知者"，相比于知人更难，犹如点燃一盏灯，灯光可以照亮整个屋子，但是灯下面的地方经常幽暗不明，这种现象俗称为"灯下黑"。人也如灯一样，在虚荣心控制下，不愿意面对自身的缺点与不足，或自视清高，无视他人优点；或目光短浅，不能正视问题，以逃避的态度面对困难。可以说，历代都出现过类似的人物；因逃避责任，最终导致灾祸的发生。如杨修恃才傲物，放荡不羁，听不进良言忠告，最终招致杀身之祸；崇祯皇帝刚愎自用，至死都认为是"群臣误我"。与之相反，刘备三顾茅庐请诸葛亮出山协助自己打天下，是源于他的自知。自知是对自己一个客观公正的评价，评价过高，就会自大自满，评价低了，就容易自卑丧气，只有称量准确，才是自知之明，对一切才能了然于心，恰如《吕氏春秋·用众》云："物固莫不有长，莫不有短，人亦然。"所以，客观而公正地认识自身的长处与短处,才是自知。

认识自己实非易事,因而,当别人指出自身的问题时,无论是严肃的批评,还是善意的忠告,我们都应满怀感激之情地虚心接受,勇于改过,绝不能耿耿于怀,敷衍了事,反抗狡辩,更不能记恨在心,寻机报复。因为,在这个世界上只有对你关怀备至、真心相待的人,才肯指出你的不足,主动劝说你。这些人,无论是父母还是朋友,甚至是陌生人,都是出于对你的关心才会婉言相劝。《战国策·齐策一》记载了邹忌与齐威王的一段对话:

> 于是,入朝见威王曰:"臣诚知不如徐公美,臣之妻私臣,臣之妾畏臣,臣之客欲有求于臣,皆以美于徐公。今齐地方千里,百二十城,宫妇左右,莫不私王;朝廷之臣,莫不畏王;四境之内,莫不有求于王。由此观之,王之蔽甚矣!"王曰:"善。"乃下令:"群臣吏民,能面刺寡人之过者,受上赏;上书谏寡人者,受中赏;能谤议于市朝,闻寡人之耳者,受下赏。"
>
> 令初下,群臣进谏,门庭若市。数月之后,时时而间进。期年之后,虽欲言,无可进者。燕、赵、韩、魏闻之,皆朝于齐。此所谓战胜于朝廷。

邹忌虽身高八尺有余且仪表俊美,但他深知自己比不过徐公,也知道其妻、妾乃至客人均说自己美于徐公是事出有因,由此推断出齐威王所受蒙蔽更深。齐威王非常赞同邹忌的观点,并通过奖赏的办法鼓励文武大臣、官吏百姓或当面指出他的错误,或上书劝谏,或在大庭广众下批评,致使文武百官纷纷进谏,门庭若市,以至于一年后想提意见也提不出了、燕、赵、韩、魏听说此种情况后，都来朝拜齐国。这个故事说明，有自知的人，才能正视自身的不足，成就一番事业。

自知重在对自身问题的解剖，它需要有直面问题的勇气，更需要有解决问题的魄力，因而，自知是一种崇高的境界。只有自知才能自省，这种改过自省的过程，是良知对自己的一种公开的责罚。这个过程，有难忍的疼痛，也有羞愧难当，这是因为，人往往有所顾忌，唯恐为人所知，损伤名誉，留下疤痕。只有拥有"胸怀坦荡对日月"的气魄，才能知过能改，尘尽光生，重现心中光明景象。因此，自知是自省的前提，它是拨云见日、根除自身问题的重要方法。

二、自省的三个维度

关于自省，《论语》中专门谈到了这个话题：

> 曾子曰："吾日三省吾身：为人谋而不忠乎？与朋友交而不信乎？传不习乎？"（《论语·学而》）

"三"在中华传统文化中有着特别重要的意义，它可以代表天地人，也可以代表你我他，还有更多的内涵蕴含其中。此处的"三"是多的意思，是说每天多次反省自己。反省什么？表现在三个方面：

第一，为人谋而不忠乎？这是做事的态度。做事有没有尽到自己的忠心？怎样做算是忠？"尽己之谓忠"（《朱子语类·性理三》），即做一件事情要尽到自己的最大努力。这涉及到对于工作本身的认知和态度问题。若是认为工作仅仅是一个养家糊口的工具，那么在一定程度上应付应付就可以；若是发自内心尊重这份工作，则需要有敬业的态度；若是将它当作一份事业，则需要全力以赴。我们不是无所不能，但应该竭尽所能。

第二，与朋友交而不信乎？这是与人交往的原则。《说文解字》云："信，诚也。从人从言。"信，是对自己的承诺负责。孔子的学生子张曾向孔子请教，有没有一句话走到哪里都可以行得通？孔子讲了六个字："言忠信，行笃敬。"（《论语·卫灵公》）

言行忠信、诚敬，就算是走到了边远的异国他乡，也一样能够行得通。反过来，如果一个人心口不一、言行不一，就是在街坊邻居之间也混不开。奉行"信"，老老实实做人，本本分分做事，至关重要。

第三，传不习乎？传习之道，既是教与学的关系，也是知与行的关系。传是受之于师，习是熟之于己。《说文解字》云："习，数飞也。"习，一次次起飞，含有练习、反复实践的意思，传习的过程也是知行合一的过程。

由上可知，自省的三个方面可以解释为：尽心尽力的做事之道、真心诚意的待人之道与恭敬认真的传习之道。工作、生活、学习三位一体，不可偏废。安排得当，生活会有滋有味；安排不当，便是一塌糊涂。

事实上，这三者是曾子成学的关键所在。曾子是孔子晚年最重要的弟子之一，他本身是不够聪明的，但他却是孔子死后最能遵守并践行孔子之道，并将孔子之道广泛传播的人。传说《论语》的编订他出力很多，而且据说《大学》和《孝经》也是他写的，所以在后世儒者眼中，他是孔子弟子中仅次于颜渊者，因此，被称为"宗圣"，配享在孔庙的孔子身边。曾子的学问以实践为本，我们看这句话，就可以知道他在平时下的功夫有多大了。曾子当时正在孔子门下学习，他每日接触的人，主要是自己的老师，自己的同门，以及一些来拜访孔子或他自己的人，因此他的反省，就针对这三项而发。老师教给我的道理和技能,我有没有加以温习和实习？因为没有这个过程,我的学习就不算完成。和朋友间的交往做到诚信了么？因为和朋友之间交往太细密,可能许下许多的承诺,那么自己忘了没有,做到了没有？只有这样,才不会失信于朋友。来找我的人要我帮忙,我尽心去做了吗？如果没有,或是我能力不及,或是我办事方法有问题,或是我不够上心,而这正是我要加以改正的。曾子每天主要的事情就这三项,而他通过时时反省,使自己在这三件事上做到最好,于是在知识、技能、道德上都得到了切实的提高。了解到这句话的背景,我们就知道自己该做什么了。我们要做的和曾子一样,就是时时反省自己的所做所为。当然,我们的反省内容可能与曾子不同。因为我们每天经历的事情与曾子不同,所以我们在这三个方面之外,还可以拓展到更多和自己切身相关的事情中去:工作是否尽心竭力了？和合作伙伴是否真诚无欺？与家庭中的另一半交流是否真心而具有关怀？如此等等。只有这样不断从身边的人和事做起,才是真正学到了曾子的反省功夫。

总之,曾子的"吾日三省吾身",启发着我们如何通过反省而更好地自知。自知,理应成为每个人心中向善的动力,有自知,方能约束自我,减少过失,做最好的自己。

三、自省是做更好的自己

自知自省是成长最好的方式。"君子之过也,如日月之食焉。过也,人皆见之;更也,人皆仰之。"(《论语·子张》)过失,在所难免,若能时时自知自省,即可知原因所在,改过迁善,才能免于再错。孔子的这段话很形象地说明,人之缺点如日食、月食,不完满、残缺的时候,人人都可以看到,当日食过后,太阳更加灿烂,月食过后,月亮更加皎洁,君子的过错也如同日食、月食一样,改后迁善之后,更会得到人们的崇敬。改过是光明磊落的行为,文过饰非则是欺人害己之罪恶。在心上照见自己的缺点和不足,不论大小,应立即改过,不能等待拖延。改过是自我完善的方法。

如果不能清楚地认识到这一点,我们的生命就无法成长。王阳明说:"学须反己,若徒责人,只见得人不是,不见自己非。若能反己,方见自己有许多未尽处,奚暇责人?"(《传习录》)学习必须落实到反观自省上。成己是成物的基础,只有成己才能成物。他人是自己的一面镜子,看人如看己,责人先问心。不能只见别人过,不见自己非。如果只一味地指责别人,就只能看到别人的错误,看不到自己的缺点。若能反观自省,就会发现自己有许多的问题与不足,哪还有功夫去责备别人呢?

怎样成为"更好的自己"?人的智慧有高下,体力有强弱,唯有恒信与毅力才能成就自我,补救自身的不足与缺陷。所谓有恒心和毅力的人,就是那些自强不息的人,他们会以己百之、己千之的努力,去成就自我,而无恒心、无毅力者是做不到的。没有人随随便便可以成功,失败却如影随形,随时可致。成功抑或失败,其关键完全取决于自己能否有自强不息的恒心、毅力作支撑。子曰:"南人有言:'人而无恒,不可以作巫医。'善夫!'不恒其德,或承之羞。'"子曰:"不占而已矣。"(《论语·子路》)一个人若无恒心不可以做巫医,不恒守节操,可能要蒙受耻辱。因而,无论做什么,恒心与毅力是不可或缺的。

自省不仅是一种优良的品德,更是一种使人走向幸福的能力,因为只有有自知之明的人,才会不怨天,不尤人,以豁达的心态,做到"宠辱不惊,闲看庭前花开花落;去留无意,漫望天空云卷云舒"。自省的三个维度,时刻警示人们,做事要尽职尽责,与人交往要"言忠信,行笃敬",传习要"知行合一"。自省是自我批判,亦是自我肯定,是积极引导思想行为向善发展的推动力。"君子博学而日参省乎己,则知明而行无过矣。"(《荀子·劝学》)在君子人格养成的过程中,培育自省之德,任重而道远。

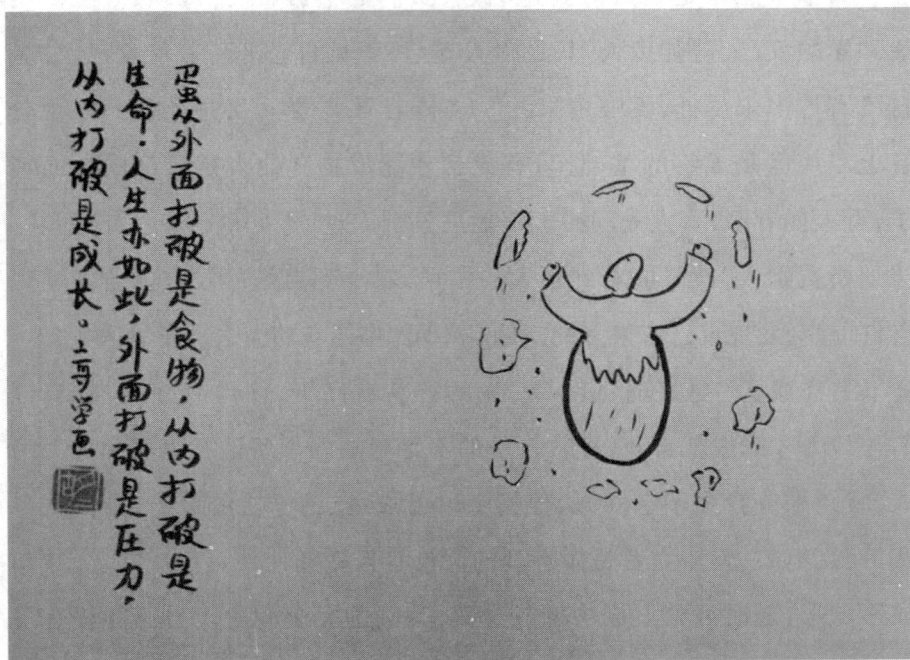

第四节　笃行

笃行是对于知识材料之实践应用,力求其切实也。经过学、问、思、辨等阶段,知的功夫大致完成,需要进一步行之,以证其然。从而做到知行合一,知行并进。

《礼记·中庸》云:

博学之,审问之,慎思之,明辨之,笃行之。

真正的成效来源于笃行。能否笃行？贵在诚，贵在至诚无息。

　　至诚无息。不息则久，久则征，征则悠远，悠远则博厚，博厚则高明。博厚，所以载物也；高明，所以覆物也；悠久，所以成物也。博厚配地，高明配天，悠久无疆。(《礼记·中庸》)

　　一个看似简单的"诚"字，通达了天地人之间的道理。"至诚"是圣人之德，"诚"发挥到极至，有两个维度，即深度的"至诚"与长度(延续性)的"无息"。"既无虚假，又无间断"，所有的积淀到一定程度自然会有所表现，有所征验。征验著于四方，自然悠远而无穷，于是就会博厚，随之相应而生高明。因为博厚，方可承载万物；因为高明，才能覆照万物；因为悠久，所以功到自然成。天地之道，不出于此。人作为万物之灵秀者，顶天立地，于天地之间袭其感发，与天地同用。品味涵泳，至诚无息，深有意趣。

　　如何做到至诚无息？至诚无息，就是力行。孔子曰"道不远人"，"人能弘道，非道弘人"，"我欲仁，斯仁至矣"，"力行近乎仁"。唯有力行，方可"近乎仁"、"弘道"、"斯仁至"。老子讲"圣人之道，为而不争"。为在前，不争在后，非不动无争，而是"为而弗恃"，建功立业，且不"自恃有功"，是"功成而弗居"。唯有力行，践行，方可有为，方可功成。

一、做，要由知到行

　　朱熹指出："论先后，知为先；论轻重，行为重。"(《朱子语类·学三》)即知与行的关系，有两个方面：从时间先后来说，知是在先的，知先行后；从重要性来说，行动是更重的，知的目标是行。传统学界多认为，朱子更强调知先,但实际上,我们可以看到,朱子是兼顾两面来说的,而且很大程度上可以说是强调行。只不过朱子认为,做事之前要有严格扎实的知识,否则必定会做不好事,甚至做错事。

王阳明在朱子的基础上,进一步指出:

> 知者行之始,行者知之成。圣学只一个功夫,知行不可分作两事。(《传习录》)

王阳明认为,知为行的开始,行为知的结果。圣学只有一个功夫,知行不能分开作两事。正因为知行不可分离,所以,"未有知而不行者。知而不行,只是未知"。作为心学的代表人物,王阳明强调行动的重要性。他对于行的说法:"凡谓之行,只是着实去做这件事。"(《王文成公全书·答友人问》)在王阳明看来,如果知道了一定的道理,却不采取行动,不能算是有真知的人,有真知不会不去做。王阳明晚年更是提倡:"知之真切笃实处即是行,行之明觉精察处即是知。"(《王文成公全书·答顾东桥书》)"知行功夫,本不可离,只为后世学者分作两截用功,失却知行本体,故有合一并进之说。"(《王文成公全书·答顾东桥书》)圣人之学乃是身心之学,其要领在于体悟实行,而不仅仅是纯粹知识性的学习。

王夫之更明确指出:"行可兼知,而知不可兼行。……君子之学,未尝离行以为知也必矣。"(《尚书引义》卷三)在王夫之看来,行动或者说实践是最终的目的,也是最重要的,而知只是行的过程中的一个阶段,所以说一个行可以包含知,而知却不能包含行。因此,王夫之认为,儒家的学问说到底,还是行的学问,也就是将道德良知实践到万事万物中的学问。所以,进行真正的道德修养,不仅仅要明了自己的道德本性和了解社会的道德法则,更关键的是要按道德法则去做,把自己的道德本性实践于社会之中,让它得到充分的实现。否则,只是知道而不去做的话,那么对自己的修养、对社会的完善,都是毫无意义的。

在这个世界上,获得成功的方法有很多种,即便是最简单、最容易的事情,都离不开学、问、思、辨、行等一系列过程,也就是《礼记·中庸》中提到的"博学之,审问之,慎思之,明辨之,笃行之"的过程,这五个方面合为一体,不能人为地将其割裂。再好的理论与想法也无法在空想中实现,都需要在行动中发挥作用。笃行即是实实在在地做一件事。生活的法则是有付出才会有回报,所以,要想收获成功,必须付诸行动。否则,只能是"纸上谈兵"而已。行是将知识、智慧、思想等形而上的"虚"的东西物化出来变成形而下的"实"的过程。只有行动才能让人生的梦想成真,所以,行动是实现梦想的必经之路。

二、做,要从小事做起

从小事、易事做起,方可成就大事、难事。老子云:"图难于其易,为大于其细。"(《老子》六十三章)在老子看来,越明显的道理越容易被人们所忽视。世人在争强好胜的心态支配下,因忽略细节而导致功亏一篑的例子不胜枚举。成就大事,必从小处着手;成就难事,必从易处开始。中国有句古语:千里之堤,溃于蚁穴。细节往往就是在人们的忽略中影响全局的。彭端叔说:

　　天下事有难易乎? 为之,则难者亦易矣;不为,则易者亦难矣。
人之为学有难易乎? 学之,则难者亦易矣;不学,则易者亦难矣。
(《白鹤堂文集》)

无论何事，去做，难事就变成易事；不去做，易事就变成了难事。做学问亦同此理。假如一个人资质平平、才能平庸，可是他天天学习，不懒惰不倦怠，直到成功，也就不知道什么是资质平平、才能平庸了。反之，一个人天资聪慧，才思敏捷，但放弃不用，则与愚钝平庸没有什么区别。因而，先天的昏庸聪明不是自己能够决定的，但是可以通过自己后天的努力改变命运。

　　蜀之鄙有二僧，其一贫，其一富。贫者语于富者曰："吾欲之南海，何如？"富者曰："子何恃而往？"曰："吾一瓶一钵足矣。"富者曰："吾数年来欲买舟而下，犹未能也。子何恃而往？"越明年，贫者自南海还，以告富者。富者有惭色。西蜀之去南海，不知几千里也，僧富者不能至而贫者至焉。人之立志，顾不如蜀鄙之僧哉？（《白鹤堂文集》）

西蜀之去南海，有几千里的路程，穷和尚凭借一瓶一钵便可实现愿望，而富和尚规划了几年也没有动身。其实，二者的差别，主要在立志后能否从小事上做起。

难事易事是可以相互转化的，只要立志去做，易事就会成就难事，小事就能成就大事。涓涓绵延的细水长流，通畅不阻隔，终会汇成汪洋江河；细微的东西绵绵不断，即可集结成网；毫末亦可成长为合抱之木，尘土亦可垒成九层之台。此乃至诚无息。

三、做，要全力以赴

> 人一能之，己百之；人十能之，己千之。果能此道矣，虽愚必明，
> 虽柔必强。（《礼记·中庸》）

人的能力各异，做一件事情，聪明睿智之人可能只需用一分的努力，冥顽不灵之人或许要用百分乃至千分的努力；如果不囿于自己的愚笨，而是奋发有为，比别人付出成百上千倍的努力，那么，愚笨之人也会变得聪明，柔弱之人也会变得坚强。孔子就是通过不懈努力而成为圣人的。《史记·孔子世家》中有一个孔子学琴于师襄子的故事：

> 孔子学鼓琴师襄子，十日不进。师襄子曰："可以益矣。"孔
> 子曰："丘已习其曲矣，未得其数也。"有间，曰："已习其数，可以
> 益矣。"孔子曰："丘未得其志也。"有间，曰："已习其志，可以益
> 矣。"孔子曰："丘未得其为人也。"有间，有所穆然深思焉，有所怡
> 然高望而远志焉。曰："丘得其为人，黯然而黑，几然而长，眼如望
> 羊，如王四国，非文王其谁能为此也！"师襄子辟席再拜，曰："师
> 盖云《文王操》也。"

孔子跟随鲁国著名的乐官师襄学鼓琴，一首曲子弹而不辍，尽管师襄认为他已经弹得很好，鼓励其可以继续学新曲子，但孔子却以"未得其数"、"未得其志"、"丘未得其为人"拒绝了师襄的建议，直到有一天，他从中领悟到曲子的作者是怎样的一个人为止。孔子正是以人一能之己百之的精神，勤学不倦，才能达到如此高的境界。

从这个故事中，我们可以感受到孔子的好学精神，以及他勤奋好学的学习态度。他学鼓琴并不单纯是学习技巧、技法，更重要的是体悟领会作者的心。正如《礼记·乐记》所言："乐者，音之所由生也，其本在人心之感于物也。"乐是由音产生的，它的根源在于人心感应外在的事物。"凡音之起，由人心生也。人心之动，物使之然也。感于物而动，故形于声。"(《礼记·乐记》)音乐是从人心所产生的，人心的灵动，是外界事物触发的结果，孔子由一首曲子可以听出作者的整个心理状态。由此可见，任何一件小事做到极致，自然就会豁然贯通。达到了至诚的状态就具备了圣人之德，就可以达到至诚入神、出神若化的状态。

全力以赴也就意味着不能见异思迁，而要聚精会神于自己真正立志的方向。曾国藩指出："凡人做一事，便须全副精神注在此一事，不可见异思迁。"(《曾文正公全集》)这句话告诉我们，做事情一定要一心一意，决不可三心二意。比如读书，我们常常在案头上放着几本书，想起哪本便读哪本，甚至抓起哪本便读哪本。结果，常常是每本书都只是读了前一百页，后面的就弃之不读了。于是就是什么都知道一点点，但什么都不能深刻理解，到头来书仍旧是未读，因为并没有把它消化成自己的东西。曾国藩则告诉我们，读书一定要拿定一本书，从头到尾把它认认真真地看完，并予以理解，然后才可以去看下一本书。不仅是读书，做其他的事情，也要专心致志。只有学会不见异思迁，能贯注全部精力于一件事情上，才能真正把事情做好。

四、做，要经得起等待

"悠久，所以成物也"，自然的规则，就是"春作，夏长，秋收，冬藏",时措之宜最重要。一切都会自然而然地发生,成长,功成。所以,除了全力以赴地去做,还要沉得下心来,静得下心来,耐得住寂寞,经得起等待。正如王阳明所说:

> 诸君只要常常怀个"遁世无闷,不见是而无闷"之心,依此良知,忍耐做去,不管人非笑,不管人毁谤,不管人荣辱,任他功夫有进有退,我只是这致良知的主宰不息,久久自然有得力处。一切外事亦自能不动。(《传习录》)

王阳明在讲学中说,只要根据自己的良知耐心地做下去,不把外在的嘲笑、诽谤、称誉、侮辱作为评价的标准,时间久了,自会感到有力,也自然不会被外面的任何事情所动摇。欲成事业,就要耐得住寂寞,经得起挫折。王阳明当年面对着无道的昏君和奸佞的小人,既没有屈服,也没有逃避,而是选择了坚持与等待,即便是发配到龙场那样的蛮荒之地,他依然扼守着良知,以平和的心态执着一份信念,潜心静气,在"人迹罕至"之地,获得豁达通透的智慧和事业。如果心浮气躁,急功近利,就可能适得其反,劳而无功。熬不过等待、中道而废的人,是看不到幸福来临的那一天的;经不起寒霜的人,自然长不出傲骨。

让我们以养花的心去生活、去工作,静候花开;以一种超然的心境、一颗无我的真诚之心,欣然接受命运的安排;以一颗从容之心致良知,让生命中的相遇,充实而完美。

第五章　人格养成三境界

　　孔子说："古之学者为己,今之学者为人。"(《论语·宪问》)人之为学的目的就是通过内在的心性修养和外在的道德实践来完善自我的品德,成就理想的人格,达到天人合一的境界。人心原本虚灵不昧,但由于受后天物欲所蔽,产生了有我之私,把自我与他人和万物分隔开来。因此,圣人教人就是让其恢复心之澄明,实现万物一体的至仁之境。学做圣人,虽起始于人禽之辨,却是人格养成的第一站。由此开始,成君子,温文尔雅,循礼而行,守善自省,修己安人;慕圣贤,胸怀天下,心系苍生,虽不能至,心向往之。

第一节　以礼成人:社会道德的标准

　　礼是人之为人并与动物相区别的本质属性,是人类从野蛮走向文明的分野,是体现社会的道德化和文明程度的突出标志之一,是社会有序、和谐、稳定的前提和基础。礼在人格的养成中起着关键作用。人格的养成要从小开始,朱熹在其《大学章句序》中指出:"人生八岁,则自王公以下,至于庶人之子弟,皆入小学,而教之以洒扫、应对、进退之节,礼、乐、射、御、书、数之文。"也就是说,此阶段的教育,主要是形成道德观念、养成道德行为规范,即对"礼"的感知与认可。

一、学做人:起始于人禽之辨

对"何谓人"这个问题的回答体现了东西方文化的差异。《现代汉语词典》的定义为:人是一种能制造工具并能熟练使用工具进行劳动的高等动物。然而,在中华传统文化中,人与动物有着非常严格的区别,这个区别不仅是外形的差异,更关键的是心的不同。

(一)人禽之别在心不在身

第一章我们已经阐述过,在中华传统文化中,"心"不仅仅是一个内脏器官,它还有觉知之义、一身主宰之义、道德之义。费孝通说:"它含有很强的道德伦理的含义。"[①]人与禽兽的根本区别在心不在身,故孟子云:"人皆有不忍人之心。……无恻隐之心,非人也;无羞恶之心,非人也;无辞让之心,非人也;无是非之心,非人也。"(《孟子·公孙丑上》)心是区分人禽的关键。

孟子是性善论的代表,他认为,人皆有不忍人之心,并举例说,如果有人看见一个小孩快要掉进井里,马上就会产生恻隐之心、惊怵之情,这就是本心、良知的作用,非思而得,非勉而中,可以说是天理流行的一种自然体现。这种不忍人之心并非是想和这孩子的父母拉关系,也并非想在乡邻朋友中博取好名声,更非因为厌恶孩子的哭叫声才产生,这是在恻隐之心驱动下做出的条件反射。那么,什么是恻隐之心呢?朱熹认为:"恻,伤之切也。隐,痛之深也。此即所谓不忍人之心也。"(《孟子集注·公孙丑上》)他是从伤痛的角度来理解的,可以说是认可人与人之间存在对于痛苦的感通之心。

---

① 费孝通:《费孝通九十新语》,重庆出版社2005年版,第270页。

古人认为"心之官则思"(《孟子·告子上》),"心者,君主之官也,神明出焉"(《黄帝内经·灵兰秘典论》)。心是重要的生理器官,虚灵觉知,随感而动,随见而发。人的思想、情感也从心感而发。因为人有道德之心,仁义礼智之性,故人禽之"性"也不同。正如清代学者焦循所言:"饮食男女,人有此性,禽兽亦有此性,未尝异也。乃人之性善,禽兽之性不善者,人能知义,禽兽不能知义也。因此心之所知而存之,则异于禽兽。"(《孟子正义·离娄下》)人能存仁义礼智之性,而禽兽不能,这一点就是区别人禽的关键。

学做人,要从修恻隐心、羞恶心、辞让心、是非心开始。这四心,也是孟子所说的"四端",是仁义礼智四种道德的发端,离开了人伦道德的教化,人也会沦为禽兽。孟子说:"饱食暖衣,逸居而无教,则近于禽兽。"(《孟子·滕文公上》)人有着比吃饭、生存更高的精神追求,这种追求,就是生命的意义。

这种更高的追求首先表现在守礼。《礼记·曲礼上》云:"鹦鹉能言,不离飞鸟。猩猩能言,不离禽兽。今人而无礼,虽能言,不亦禽兽之心乎?夫唯禽兽无礼,故父子聚麀。是故圣人作为礼以教人,使人以有礼,知自别于禽兽。"人若无"礼"之约束,则几乎与禽兽无异。人因为懂得礼,规定了人伦道德,发明了婚姻制度,可以更加文明地生活,避免了禽兽之间"乱伦"之事发生。因此,自古以来,中国人就非常重视"人禽之辨",重视人伦道理的教化,重视对德性的遵守。圣人作礼,让人们尊崇,其目的就是为了让中华民族的子孙去遵德守礼,强调做人应该"发乎情,止乎礼",成为一个合格的人。

从一个"自然人"过渡到"道德人",需要"如切如磋,如琢如磨"的"成人"过程。"成人"是一个不断学习的过程,且有"小成"与"大成"

之别。何谓"小成"？《礼记·学记》云："一年视离经辨志,三年视敬业乐群,五年视博习亲师,七年视论学取友。"即经过七年学习,学生能理解经典义理,树立起正确的价值观,确立人生的志向,能热爱集体,践行事业,能广学博览而亲敬师长,能分辨学友的良莠。"大成"则指"九年知类通达,强立而不反,谓之大成。夫然后足以化民易俗,近者说服而远者怀之。此大学之道也"(《礼记·学记》),即指在"小成"的基础上,能够触类旁通,近者悦,远者人心归附,通过仁义礼乐等实践来健全心智,以致"穷神知化",了悟宇宙自然以及生命的真谛,由志道、修道,最终成道。

无论是"明明德",还是"致良知",都是让人不断向内反省,找出本心、道心、不忍人之心,不断正心修身,彰显恻隐心、羞恶心、辞让心、是非心,启动良知、良能,重视自我道德修养。这个过程就是教化的过程,是仁义礼智信之品德养成的过程,这是教育的根本目的,也是人禽之别的根本。

（二）人禽之别在知与德

荀子对人禽之辨也有精彩的论说,他认为:"人有气有生有知亦且有义,故最为天下贵也。"(《荀子·王制》)荀子对万物有一个层次的划分。在荀子看来,水火这类自然界的存在物,是最基本的存在形式,它们只是阴阳二气最简单的一种物化,是没有生命的;而草木就比水火高了一个级别,因为它们已经有了生命活动,是阴阳物化后又鲜活起来的生命体;禽兽这些动物又比植物高,因为它们的生命活动已经不仅仅是呼吸、生长,而是有了对万物的一些认知和感受能力;而天地间最高贵的生命,就是人类,因为人类不仅是阴阳之气生命化后的产物,而且在认知能力外,还具有伦理道德感和礼仪制度的生活方式,所以人类在等级上要高过水火、草木、禽兽。

可见，荀子认为德性和比禽兽更高级的情感、认知，是人禽的差异。荀子指出，有生命就有感情，而从禽兽这个等级开始，就有了认识。所以，禽兽是既有感情，又有认知能力的。因此，禽兽是对同类有一个类判断，并且有同类相感。他举例说：大的鸟兽在丧失了同伴后都要徘徊一段时间，直到亡者不能复生才会放弃，而且此后只要再经过这个地方，都会表达一番悲哀才会继续前行。这一点，我们从大象这种种群的行为中能够得到理解。既然动物都有爱其同类的能力，那么作为比动物还高一层的人类，当然在这方面就会更迈一步。所以人对同类遭受苦难时会报以无尽的同情，对亲友死去会致以深切的哀伤。由此，人类会对伤害同类的人表示厌恶，同时会自觉地去做保护同类的事情。人的这样一种心理，就是"仁"的根源，于是就逐渐产生了道德。可见，荀子认为道德乃

走完必经之路
才能走自己想走的路

戊戌三月 胡言乱画

是基于人的类判断和类感情而来的,而以更高级的知为其根源、以爱为其表达,这就是义。可以说,荀子的道德观是一种从经验上出发的道德观,也正因如此,他将道德的根源追溯到人类比禽兽更高级的情感与认识。这是一种与孟子道德观迥然不同的想法。按照荀子的想法,正因为我们既有和禽兽一样的本性,又有高于禽兽的本性,所以,一方面,我们要制定出能够保证我们始终是人的制度来,并用这个制度监督我们不堕落为禽兽,这就是礼乐制度;另一方面,对我们进行个人修养来说,我们必须时刻注意自己的动物本性,必须时刻以清醒的认识让自己明白到底应当怎么做,即必须用符合人之特征的义的标准来要求自己,让自己的行为符合礼义。

二、人之为人在守礼

"凡人之所以为人者,礼义也。"(《礼记·冠义》)人之所以为人,是因为人能遵守一定的礼义。礼有"礼仪"与"礼义"双重含义,二者是形式与内容的关系。"礼仪"是礼的外在表现形式,古人通过成人礼、婚礼、丧礼、祭礼等礼仪形式,发挥寓教于礼的功能,让人明白自己的多重家庭、社会角色的位置与职责,以及在这个位置应该掌握哪些礼节等等,且要掌握好分寸,要做到恰到好处,无过无不及。"礼义"是礼的分寸感,是文明与野蛮的分野,所以也可以说是人与禽兽相区别的标志,是人内在仁德的彰显。传统儒家把礼看成人类文明的底色,成为人修身立命的行为准则和社会治理标准。

（一）礼源于秩序的自觉

《荀子·礼论》云:"人生而有欲,欲而不得,则不能无求。求而无度量分界,则不能不争;争则乱,乱则穷。先王恶其乱也,故制礼义以分之,以养人之欲,给人之求。使欲必不穷乎物,物必不屈于欲。两者相持而长,是礼之所起也。"非常清晰地道出了礼的缘起,即"礼"是先王为了制约人的行为,使欲望和外物得以平衡而制定的一些规则,用来解决社会秩序的安定与人际关系的和谐。也就是说,"夫礼,禁乱之所由生,犹防止水之所自来也"(《礼记·经解》),礼的作用是防止纷乱的发生,就如同防止洪水泛滥的大堤坝一样。那么,如何防止纷乱、争斗的发生,使上下有序,各安其位呢?

古之圣人认为礼是天地的秩序,在天地的秩序中,万物要知其所止,各安其位,才能井然有序,和平共处。人生活在天地间,应该法地道,法天道,法自然。"人法地,地法天,天法道,道法自然。"(《道德经》二十五章)圣人"推天道以明人事",从日月星辰的变化中受到启发,观察自然变化之秩序,推导出人间的社会伦理秩序。这个秩序就是礼,"礼者,天地之序也"(《礼记·乐记》),这个礼是让人间、社会井然有序的根本。儒家将成人礼、婚礼、丧葬、祭祀等生活的各个方面都加以礼仪化、制度化,形成了一套完整的生活规约,以约束人们的言行,久而久之,使其成为约定俗成的道德习惯。人们通过内心信念、道德自觉来践行它。

中国人用"礼"来"别"各种关系。这个"别"体现在:夫妇有别,父子有亲,兄友弟恭,君臣有义,朋友有信。"礼"也用来约束、规范人们在社会活动和日常生活中的举止言行,节制人的欲望,控制人的情绪。礼是维护社会有序运转的基石。所以,孔子说:"夫礼,先王以承天之道,以治人之情。"(《礼记·礼运》)礼,是先王承接天道之所化,以调治人情所作。礼是人们在行事中不能逾越的底线,是为人处世的标准与根本,更是对他人恭敬之心的外在表现,故有"不学礼,无以立"(《论语·季氏》)之说。它广泛应用于家庭、社会、国家的治理中,是家庭和睦、社会安定之保障。

"礼"如此重要,所以历代君王都重视礼的教化作用。"故礼之教化也微,其止邪也于未形,使人日徙善远罪而不自知也,是以先王隆之也。"(《礼记·经解》)礼的教化作用是细微而隐蔽的,它在邪恶没有形成时予以防止,让人在不知不觉中自觉地在心中筑起一道大坝,趋向善良,远离罪恶。学习中华优秀传统文化,就是要通过读圣贤书,明理达礼,在人与人相处的关系中应用,从而各安其位,各有所属,让家庭和睦,社会和谐有序。

(二)礼是仁德的彰显

"礼"是博大精深的治国治民体系,它的形式繁多、内容庞杂,几乎无所不包,故古人有"经礼三百,曲礼三千"的说法。"经礼"是指重要的礼,也就是"大经大法";"曲礼"指细小的礼节。大到国家典制,设官分职,小到人与人交往的原则,应对进退,文明语言,交往礼仪等等,都在礼的范畴之中,因而,中华民族素有礼仪之邦的美称。

《礼记·曲礼上》云:"道德仁义,非礼不成。教训正俗,非礼不备。分争辨讼,非礼不决。君臣上下、父子兄弟,非礼不定。宦学事师,非礼不亲。班朝治军,涖官行法,非礼威严不行。祷祠祭祀,供给鬼神,非礼不诚不庄。"由于道德属于抽象范畴,看不见,摸不着,容易流于空泛,难以落地生根,而要使道德落到实处,就需要诸多看得见、摸得着的礼仪。礼仪的制定需要遵循一定的原则,只有这样它才有道德内涵。儒家思想的核心是道德仁义,没有礼就无法成就。教育民众,端正风俗,没有礼就不能完备。纷争辨讼,没有礼就不能判别是非。君臣上下、父子兄弟的名分,没有礼就无法确定。班朝治军,居官执法,没有礼就没有威严的气象。祭神敬祖等,没有礼就无法诚敬庄严。一言以蔽之,没有礼就做不好任何事情。

德是礼的灵魂,礼是德的外在体现。社会的有序运行与和谐发展,需要法律和道德两种力量来共同维系。法律是底线,而道德是一种高尚的追求。所有礼的设计、制定都围绕着道德来展开,都为了彰显道德而设计。违背了德的礼,不能称之为礼。因此抓住了德,就是抓住了礼的根本。《礼记·乐记》说:"德辉动于内,……理发诸外。"德在心中辉动,合于德的礼自然而然地散发出来。古人把礼和修身结合起来,把德作为礼的灵魂,可以说是礼仪教育的核心。如果离开德,离开修身为本的宗旨,行为即使中规中矩,也只是个形式,徒有虚礼而已。

(三)礼是人自我约束的生存原则和人际交往的规范

礼是一个人内在仁爱之心的外在表达,是人行为的礼节、制度和规范,是人与人之间交往的最佳距离和态度,是内在恭敬心的一种体现。"礼者,敬而已矣"(《孝经·广要道章》),"敬"是礼的核心,无敬不成礼。古代的礼试图培养人内在的"恭敬心",体现对他人的尊重。有了内在的恭敬之心,在外才能表现得彬彬有礼。作为一种社会性的存在,"立于礼","与人恭而有礼"(《论语·颜渊》),是儒家对个体的要求。

礼将内在的道德,外显于行,这种转化就是礼仪规范。《礼记注疏》有言:"礼者,理也。"所谓礼,就是以道德理性为标准确立的行为规范,大到一国法典,小至个人处事原则,都在礼的范畴之内。人之成人,要从基本的礼仪行为规范入手,通过修身学会做人。

"礼者,……序尊卑、贵贱、大小之位,而差外内、远近、新故之级者也。"(《春秋繁露·奉本》)不同的社会阶层、社会角色有着不同的规范和准则,作为多重角色的社会人,按照既有的身份、角色选择与之相应的礼,显得尤为重要,否则就会出现"悖礼"或"僭礼"的行为,而因

"悖礼"或"僭礼"行为导致的悲剧,在历史上曾不断上演。清朝名将年羹尧,曾因立下赫赫战功而备受雍正器重,后被削官夺爵,赐自尽,这其中的原因固然很多,但与年氏志得意满、骄纵越礼有很大关系。《清史稿·年羹尧传》记载:"至京师,行绝驰道。王大臣郊迎,不为礼。在边,蒙古诸王公见必跪,额驸阿宝入谒亦如之。"年羹尧战功卓越,也深得雍正的信赖,但他忘记了为臣的本分,这种跪道迎送之礼,显然不应是臣子该享受的,年羹尧一而再、再而三地做了诸多超越本分的事情,最终招致雍正的警觉和忌恨,以致家破人亡。

针对不同的社会角色,儒家设定了不同的礼去应对,"为人君,止于仁;为人臣,止于敬;为人子,止于孝;为人父,止于慈;与国人交,止于信"(《礼记·大学》)。仁、敬、孝、慈、信,既是中国人修养心性的纲目,也是做人应符合的礼制要求。《礼记·大学》中的这段话,规定了不同的人要扮演好不同的生命角色,要在其位,谋其政。君要有君的担当;臣要止于臣的责任和本分;为人父,要尽到做父亲的责任;为人子,要承担为人子的义务;与人交往,要以诚信为先。人应该遵守基本的角色伦理,要各安其位,各司其职。

人在不同的人生阶段,总有一种社会角色相对最为重要。要找准自己的主角色,完成好这个角色的角色伦理,才能成就自我,做社会有用之人。作为国之君主,其最重要的角色是协调各方力量,潜心国家治理,使国力强盛、政治清明、人民长治久安。

明熹宗朱由校,擅长木匠手艺,对制作木器感兴趣,整天和锯子、斧子和刨子打交道,不理朝政。他的木匠活技巧娴熟,超越了一般的能工巧匠级别。他做出了令当时的木匠们目瞪口呆的床,还曾让内监拿着自己制作的小木人出宫去卖,导致人们争相抢购。他还是个不错的建筑师,擅长雕琢假山楼台。由于整日沉迷于自己钟爱的木匠活中,就给了魏忠贤这样的奸臣可乘之机。①

身为一国之君,要找准自己各种社会角色中的主角色,遵循这个社会主角色的角色伦理。如果僭越违礼,必然导致国家混乱、民不聊生;一般人亦如此,如果不懂得多种不同角色间的切换和主角色的担当,就会本末倒置,扮演不了或扮演不好该角色,那么在角色扮演上就是失败的。人生在世,不管居于何种社会角色,都应有发自内心的真诚与担当。诚心对己,真诚待人。由此可知,诚意是中国传统的伦理观念对待不同角色的态度。

(四)适时而教的礼

礼是人与人之间相处的最佳距离。礼是用来"定亲疏,决嫌疑,别同异,明是非"(《礼记·曲礼上》)的,确定人与人的亲疏关系,断定疑难事情的恰当做法,分别尊卑地位的同异,明辨是非对错都离不开礼。有了礼,社会才有秩序,人人才有规矩。礼对克制人的欲望,改变自身的坏习惯,提升生命品质,完善人格都有着重要作用。因此,在古代社会,"礼"的教化非常重要,是人们学习的重要内容。"孔子以诗书礼乐教,弟子盖三千焉,身通六艺者七十有二人"(《史记·孔子世家》),并且,孔子特别强调,做有仁德之人,必须"非礼勿视,非礼勿听,非礼勿言,非礼勿动"(《论语·颜渊》)。礼教的关键是要"适时而教"。"时过然后学,则勤苦而难成。"(《礼记·学记》)过了教育的最好时节,再去学习,那就如同种地错过了时令节气,即使再付出,也难有成就。

青少年时期是道德人格养成的关键阶段,也是人生观、世界观、价值

---

① 曹金洪:《明朝十二帝》,三秦出版社2014年版,第209—212页。

观确立的最佳时期。我国古代非常重视青少年"成人礼"的教育形式，通过"成人礼"来对青少年进行世界观、人生观、价值观的教育。《礼记·冠义》中说："成人之者，将责成人礼焉也。责成人礼焉者，将责为人子、为人弟、为人臣、为人少者之礼行焉。将责四者之行于人，其礼可不重与！故孝弟忠顺之行立，而后可以为人，可以为人，而后可以治人也。故圣王重礼。""成人礼"的意义在于"弃尔幼志，顺尔成德"，即抛弃幼稚的孩子气，注重德行的培养和巩固。目的是告诫青少年进入成人社会，要自觉承担起各种角色的责任和义务，要注意自己的容貌和体态，要和颜悦色，站有站相，坐有坐相，穿戴整齐，要注意说话的场合和辞令，成为一个有道德的人。

"成人礼"标志着成人的开始。中国传统社会中，讲究"男女有别"，男女分工不同，古代的女子在"成人礼"后通常要学习如何做一名贤淑贞德的妻子。学习的内容涉及女性的德行修养、言行举止、仪装、仪容以及女红等等。男子的"成人礼"更加隆重一些，要求男子既有与成人身份相适应的地位权利，也要遵守成人应该遵守的道德标准。有了成人的权利，就要承担起对家庭、社会的责任和义务。

公民是社会细胞，个人素养的高低关系到整个国家、民族、社会的文明程度。今天，随着经济的快速发展，中国人的物质生活水平有了极大的提升。因此，继承和借鉴古代传统礼文化中积极、合理的成分，对青少年适时而教，让其学会尊重与秩序，这对完善当代人的人格，成为一个负责人、讲道德的人，提高社会文明程度，和谐人与人之间的关系无疑有着积极的作用。

奋斗
志之所趋
无远弗届
穷山距海
不能限也

戊戌三月 胡孝斌

第二节　成君子：文质彬彬的风范

21世纪以来，随着传统文化的回归，人心的归正，社会对君子的召唤、呼声也越来越高，这昭示着中华民族文化的觉醒。对君子文化的重现，昭示着君子人格的独特魅力和顽强的生命力。今天，我们倡扬君子人格、君子文化，就是要用君子的情怀和格局来提升个体生命的境界，促进社会的进步与和谐。君子人格是传承、落实中华优秀传统文化的宏伟工程，是涵盖传统与现代、贯通古今的文化航标。

"君子"一词早在西周时期已经流行，主要是贵族和执政者的代称。到了春秋末期，孔子对君子的含义进行了创造性的转化与诠释，将君子的意蕴从指向社会地位转而指向道德品质，突出"德行修养"，主张凡有德者皆称君子，君子因为有德而有位，并把中华美德凝结成文化基因植入中国人的文化生命中，使"做人"成为中华思想的主题，造就了礼仪之邦。君子人格从此成为儒家的理想人格，主要表现在"温文尔雅，循礼而行"、"守善自省，修己安人"、"敬畏天地，存心养性"三个方面。

一、温文尔雅，循礼而行

谈及君子，我们首先想到的就是一个温文尔雅、彬彬有礼的大丈夫形象。的确，文质彬彬是君子的基本形象。所谓"质胜文则野，文胜质则史。文质彬彬，然后君子"（《论语·雍也》）。孔子指出，朴实多过文采，就会显得粗野；文采多过质朴，就会显得虚假。既文雅又朴实，这才算得上是个君子。一个真正的君子，一方面内在要真诚，另一方面也要懂得礼节，从而做到"文质彬彬"。其实文和质的关系，与孔子心中仁和礼的关系是极相近的。在孔子看来，对一个君子而言，仁和礼是相辅相成的两翼，缺一不可。但是，从根本上来说，仁却是礼的根本。他说："人而不仁如礼何？人而不仁如乐何？"就是说，如果一个人没有仁德，那么纵使讲究礼乐又能如何呢？也不过是个伪君子罢了，会对社会起到很坏的作用。而一个人若有仁德，但是欠缺礼乐的节制，那么他至少是个好人，还是对社会很好的。所以孔子曾说过，他对于"先进于礼乐"的贵族子弟是不取的，因为他们多数的本性已经被污染了；而对"后进于礼乐"的人则是看中的，因为他们至少本质上还很好。因此，事实上，在文和质之间，孔子是更看重质的，因为本质的好是成为君子的基础。只不过，作为一个人格完满的君子来讲，是一定要做到文质彬彬的。一个君子能保持善良质朴的本性，不被世俗的功名利禄所污染；而另一方面，他的这个本性的表现又是讲究礼仪、言辞行止适度。他不会因为讨厌虚假的人，就粗鲁地对待他，而是有礼有节地使他自讨无趣；他不会因为对朋友的诚恳，就无所顾忌地什么都问都说，而是有礼有节地照顾到朋友的隐私；他不会因为面对上级，就阿谀奉承，而是有礼有节地做自己该做的事情；他不会因为面对下级，就肆意欺凌，而是有礼有节地平等地对待他们。这样的一个君子，是真正的极高明而道中庸的，是既保持了心灵的干净、高洁，又保证了融入社会、对社会有益；而不像狷介的隐者或者狂傲的狂客那样，做事决绝，脱离社会。

因此，温润敦厚、礼节周到一般是君子给我们的第一印象。在孔子的学生眼中，孔子就是这样的温良君子的化身。《论语·学而》记载：

> 子禽问于子贡曰："夫子至于是邦也，必闻其政，求之与？ 抑与之与？"
>
> 子贡曰："夫子温、良、恭、俭、让以得之。夫子之求之也，其诸异乎人之求之与？"

子贡认为，温良恭俭让是孔子获取知识的方法，这是与他人不同的，这就是人们常说的"温良恭俭让"的由来，也是君子必备的修养。

（一）温

温多指对人的态度温和，比如人们常常用"温柔敦厚"、"温文尔雅"、"温和善良"等来赞扬"温"这种品德，"温"也是一个人良好修养的集中体现。把握不好"温"这个火候，就会偏向"急躁"或"冷漠"两个极端。有的人待人接物生硬冷淡，有的人则会心浮气躁，这都是自身修养的反映。曹操在《短歌行》中赞扬周公："周公吐哺，天下归心！"《礼记·经解》中亦有"温柔敦厚，诗教也"之说。可见，多读《诗经》，可以增加一个人温和、温润、忠厚的品德。

（二）良

"良"是平易正直，也是存于内心的、衡量是非善恶的标准。"良"代表着善良、忠诚、仁爱的优良道德品质。"温、恭、俭、让"是"平易正直"的自然流露和表达，如果没有内在的良善、仁爱作为底色，"温、恭、俭、让"只能是虚伪、拙劣的表演。

《吕氏春秋·去私》记载了这样一个故事：

> 晋平公问于祁黄羊曰："南阳无令，其谁可而为之？"祁黄羊对曰："解狐可。"平公曰："解狐非子之仇邪？"对曰："君问可，非问臣之仇也。"平公曰："善。"遂用之。国人称善焉。居有间，平公又问祁黄羊曰："国无尉，其谁可而为之？"对曰："午可。"平公曰："午非子之子邪？"对曰："君问可，非问臣之子也。"平公曰："善。"又遂用之。国人称善焉。孔子闻之曰："善哉！祁黄羊之论也，外举不避仇，内举不避子。"祁黄羊可谓公矣。

祁黄羊外举不避仇，内举不避子，这种大公无私的行为，得到了孔子的赞赏，也是行为君子、直心良善表达的典范。

（三）恭

"恭"有"恭敬"、"庄敬"之意。"恭近于礼，远耻辱也"（《论语·学而》），恭而有礼，则可以远离耻辱。它包含容貌的端庄，待人接物的谦卑、诚敬以及做事一丝不苟的态度等。孔子主张对人要端庄诚恳，表里如一，"在貌为恭，在心为敬"。"恭"是内在"诚敬之心"的自然流露与表达，与那种"心无谦卑"却伪装出的虚伪态度截然不同。

"恭"与"敬"的意思接近，经常与"敬"连用。"恭敬"一词除了包含

"恭"所固有的态度端庄、对人谦和等意思之外,更体现为对长者、师者的尊敬。孔子在教化弟子的过程中,强调"与人恭而有礼"是立足于社会的前提,培养恭敬心要从孝敬自己的父母开始。子游问孝时,孔子就指出对待父母若没有"恭敬"之心,与养犬马无异。在我国历史上,"桥下拾履"、"程门立雪"这类尊长之例不胜枚举,这种恭敬对待父母、长者的品德后来又逐渐推及到与其他人的相互关系中。"敬人者,人恒敬之",已成为处理好人与人相互关系的准则和信条。

（四）俭

"俭"即节约、节制之意,它作为一种美德,属于纯洁无邪、情操高尚的人,与追求奢侈、欲壑难平的人毫无缘分。《左传·庄公二十四年》云:"俭,德之共也;侈,恶之大也。'可见,俭是君子品德的内在要求。纵观历史,无论是仁人君子,还是清廉官吏,皆以俭素为美德。诸葛亮在其《诫子书》中提到"静以修身,俭以养德",这既是诸葛亮一生的座右铭,更是他对儿子的教诲与期望。范仲淹之子范纯仁云:"惟俭可以助廉,惟恕可以成德。"(《宋史·范纯仁传》)现实中,因奢侈多欲而导致身败名裂的人不计其数。因此,要在心中筑起一道俭德的"防洪堤",不让内心的欲望肆虐,才是真正明智的选择。

老子将"俭"列为三宝之一,只有把握了"俭"才能做到自我约束而心底宽广。"俭"可以让人寡欲节俭、庄严清明,更会得到人们的敬重和支持。俭不仅可以养德,还可以兴邦。周武王灭商之后,吸取商纣王穷奢极欲而亡的教训,总结出"俭可以兴国,奢可以丧邦"的道理,开辟了以道德立国的先河。

（五）让

"让"字含有谦逊、礼让、克己为人、顾全大局等含义。"让"作为一种美德、一种精神,是和谐人际关系,加强安定团结的润滑剂。我国自古以来就有许多关于"让"的佳话,如"孔融让梨",使兄友弟恭,家庭和睦;"尧舜让位",使民心归顺,天下太平等。《忍经》中记载了这样一个故事:

> 曹节,素仁厚。邻人有失猪者,与节猪相似,诣门认之,节不与争。后所失猪自还,邻人大惭,送所认猪,并谢。节笑而受之。①

曹节一向仁慈厚道,邻居家的猪丢了,发现曹节家的猪很像自己家丢失的猪,二话不说就把曹家的猪带走了。面对邻居的诘难并领走自家的猪,曹节并未与邻居争辩、解释,更没有阻止。事后,当邻居发现自家的猪回来后,对自己的行为感到非常惭愧。可曹节并没有得理不饶人,没有数落、埋怨、怪罪邻居,而是"笑而受之",其大度、包容,成为化解纷争的典范。如今,诸多的婚姻家庭问题与社会矛盾,都源于人们缺乏了"让"德,"让一让海阔天空"理应成为人与人交往的黄金法则。

《礼记·大学》云:孟献子曰:"畜马乘,不察于鸡豚;伐冰之家,不畜牛羊;百乘之家,不畜聚敛之臣。与其有聚敛之臣,宁有盗臣。"为政者更应该具有谦让的品德,要不与民争利,要爱民如子,应把更多的利益留给百姓。孟献子说,初任大夫的人不会再斤斤计较家里养的鸡与猪的多少。卿大夫以上的人,不会再靠畜养牛羊来赚钱。拥有兵车的公卿之家可以有家臣,但不会准许家臣为自己聚敛财货。与其有为自己聚敛财货的家臣,不如有窃取自己财物的家臣。也就是说,身为高级官员要以百姓之心为心,宁可让自己蒙受损失,也不能让百姓蒙受损失。这是两害

---

① 〔元〕吴亮:《忍经》,诚举等译注,云南大学出版社2003年版,第18页。

相权取其轻,时刻把百姓的利益放在优先考虑的位置。君子爱民如子,大人不能与民争利,孔子的弟子有若曾对鲁哀公说:"百姓足,君孰与不足? 百姓不足,君孰与足?"(《论语·颜渊》)民富与国富是一种相辅相成的正向关系,只有百姓富了,国家才能更加富强。我国历史上的盛世,大都与轻徭薄赋、休养生息的政策有关。

总之,"温、良、恭、俭、让"不仅是一个君子的品德,也是君子待人接物态度的综合体现。一个"温、良、恭、俭、让"的真君子,呈现出的是中华民族精神的"精气神",彰显的是高尚的灵魂与尊严。各行各业的社会精英理应成为新时代的君子,精英群体是人们学习、效仿的榜样,对他人有着引领、示范的作用。因此,要敢于吃亏,宽怀谦让,而不是事事争抢,利益至上。只有这样,社会问题才会减少,人与人之间才会更加和谐,美德、公德才能重回人间。

二、守善自省,修己安人

君子是儒家追求的理想人格,不仅要外有礼仪,更要内有仁义,要"笃信好学,死守善道"(《论语·泰伯》)。君子需要守善,如何做到得善而不失善呢? 这就要做到"吾日三省吾身"(《论语·学而》),对照良知,端正心念,从视、听、言、动之中,审视自己的起心动念是否合情、合理、合法、合道。在《论语·季氏》中,孔子谈到"君子有九思",即"视思明,听思聪,色思温,貌思恭,言思忠,事思敬,疑思问,忿思难,见得思义"。"九思"全面概括了君子在言行举止各个方面的要求,包括个人道德修养的各种规范。

(一)视思明

"视无所蔽,则明无不见"(《论语集注·季氏》),眼睛是摄取信息的主要入口之一。如何摄取信息，进行判断决策是体现"视"的水平的重要标志。君子视物，不仅仅是用眼睛看，更要用心看，既要看得全面，更要看得清楚。要透过现象看本质，要明是非、辨真假，不被表象所迷惑。《孔子家语·在厄》记载了子贡看到颜回偷吃米饭的故事。孔子及其弟子们在周游列国时被困在陈蔡之间，断粮七天，从者皆病。子贡拿所携带的财货，偷跑出去换回了一石米。颜回、仲由在一间破屋子里煮饭，颜回看到有一块烟灰掉进饭锅，便把弄脏的那部分米饭拿起来吃掉了。子贡在水井边，正好看到了这一幕。于是他很不高兴地去问孔子，仁义正直的人在穷困时也会改变节操吗？孔子回答：改变操守还怎么称得上仁义正直？子贡就把看到的一幕说给孔子听，孔子认为其中必有原因，于是叫来颜回，便有了如下对话：

"畴昔予梦见先人，岂或启佑我哉？子炊而进饭，吾将进焉。"

对曰："向有埃墨堕饭中，欲置之，则不洁，欲弃之，则可惜，回即食之，不可祭也。"孔子曰："然乎，吾亦食之。"

孔子把颜回叫过来，说："前几天，我梦见先人，难道是先人在保佑我们吗？你做好饭拿进来，我要用它进献先人。"颜回答道："刚才有烟灰掉进去，把饭弄脏了，我本想把弄脏的饭扔掉，又觉得可惜，所以我把带烟灰的饭吃掉了。因此，这饭不能用来祭祖了。"

孔子说："你做得对！换作我，也会将弄脏的饭吃掉。"颜回出去，孔子对其他的几个弟子说："我对颜回的信任并不是从今天开始的。"

以孔子对颜回的了解，他是不会因穷困而变节的，事实证明颜回的做法是事出有因，并得到了孔子的认可。这个故事告诉我们，眼见不一定为实。分清真假虚实,不仅又靠眼睛,更要靠心,学着用心来观察,全面、总体地判断事情的原委真假,是君子的修行。

（二）听思聪

"听无所壅,则聪无不闻"(《论语集注·季氏》),听,不仅仅用耳朵,更要用心。言为心声,声音是用来表达情感、要求的,而要求与情感又是从身体、从心中发出来的。所以,听,不能听风则风,听雨则雨;听,要"执其两端",全方位、多渠道地听,这才是真正会听的人。生活中夫妇之间、父母子女之间、上下级之间、师生之间、朋友之间的很多误会,都是"听"出了问题。因而个体成长的背景、生活的环境、语言的习惯不一样,你想表达的内容,在另外一个人那里,就听出了完全不同的含义。要正确理解语言背后的真实含义,就要学会用心去倾听,只有用心听,才会透过语言,真正理解说话者的心意。

（三）色思温

见于面者为色。色,就是脸色,一个人的脸色,可以反映出这个人的内心情感,喜怒哀乐。一个人面对他人时,脸色是和蔼可亲,还是冷若冰霜,体现着一个人的修为。谦谦君子,色思温,是很重要的人格特质。君子应该比常人有更平和的心态、更温和的脸色、更稳定的情绪,这样才容易让人产生信任。曾子曰"正颜色,斯近信矣"(《论语·泰伯》),说的就是这个道理。关于色,孔门还有一个说法是"色难",这是子夏问孝时孔子的回答,即始终保持对父母的和颜悦色是很难的。因为相由心生,外在体现着内在,因此只有内在的道德修养达到一定境界,才能让外在的表现始终和悦。

（四）貌思恭

"貌"是一个人的言行举止、仪容仪态的综合反映。一个人的言谈、着装都会给对方留下深刻的印象，所以，君子要注重"貌"。一个人外在的言谈举止，要通过礼来加以规范，这是内在的真诚、恭敬的外在流露和表达，礼的基本原则是表达仁者对他人的敬意。"貌"体现着对他人的尊重，是我们给别人留下是否有礼的最直接的印象。

（五）言思忠

忠即不违背自己的本心。"言思忠"就是要君子做到言不违心、"言必信，行必果"、"讷于言而敏于行"，要说话算数，言行一致，说出的话，掷地有声。言之有物、言而有信是君子的人格特征之一，君子的心要践诺、忠诚，君子的行为要忠于自己的言语。

（六）事思敬

恭在外表，敬在内心。"敬，肃也"（《说文解字》），敬有恭敬、端肃之义。"敬"是一种内在心态和对外所持有的态度。"敬，德之聚也。能敬必有德"。敬作为一种重要的品德，在待人接物中，以负责、尽职的态度去对待每个人，做好每一件事，就是敬业。君子做事要认真、严谨，尽其心，竭其力。"临之以庄，则敬"（《论语·为政》），做事严肃认真，能够使君子很少犯错误，还能得到其他人的认可。故子夏说："君子敬而无失，与人恭而有礼，四海之内，皆兄弟也。"（《论语·颜渊》）君子处事待人，全心全意、认真恭敬、慎终如始地把事情做好。在我国历史上，"事思敬"的故事举不胜举：大禹治水，三过家门而不入；诸葛亮治理蜀汉，鞠躬尽瘁，死而后已……这些敬业的感人事迹，激励、感动着世世代代中华儿女。

（七）疑思问

"思问，则疑不蓄"（《论语集注·季氏》），考虑到思问，疑惑就不会堆积。人在做事情的过程中难免有疑惑、疑难，正如韩愈《师说》中所说:"人非生而知之者,孰能无惑?"学问之广之大,无人能事事通晓,主动多提问、多思考,是解决问题、困难,不断成长的重要途径。《论语·乡党》云:"子入太庙,每事问。"像孔子这样的人,进入太庙,对疑惑的问题都会主动请教、求问。圣人且如此,何况身为知之甚少的凡人呢?因此,不知就问,及时请教,只有不断发现问题,不断思考问题,才能不断解决问题。

（八）忿思难

"思难,则忿必惩"（《论语集注·季氏》）,考虑到发怒造成的后果,就必须戒绝愤怒。《礼记·中庸》说:"喜怒哀乐之未发,谓之中;发而皆中节,谓之和。"在受到外物的影响之前,喜怒哀乐没有偏向,处于"中"的状态,一旦受到外物的作用,喜怒哀乐被诱发出来时,就要考虑后果。所以,当你不能完全掌控自己情绪,不能喜怒哀乐发而中节时,就要克制情绪,以免招祸。子曰:"一朝之忿,忘其身,以及其亲,非惑与?"（《论语·颜渊》）不能克制一时冲动,往往会干出伤害自己和亲人的蠢事,这是很不明智的。君子"忿思难",君子要克制自己的情绪,学会三思而后行,学会忍让。这样才是一个有教养、一个文明时代的人的做法。有时候一时的忍耐,可以换来今后长久的平稳。当然,对于大是大非的原则性问题,又另当别论。

（九）见得思义

"思义,则得不苟"（《论语集注·季氏》）,考虑到道义,就不会做不正当的事情。君子见得思义,面对各种唾手可得的利益,首先要想到"义"字。义者,宜也。做任何事都要考虑适不适宜,正不正当,合不合自己做人做事的原则与底线。孔子说过:"富与贵,是人之所欲也,不以其道得之,不处也。"（《论语·里仁》）富贵是人人都希望的,但如果取之不义,君子是不会接受的。君子爱财要取之有道,切不可把利字摆中间,道义弃两边。

程子解释说:"九思各专其一。"(《论语集注·季氏》)孔子将"思"贯穿到九者,可见,思诚之重要。九者都是非常具体的生活规范,要人们时刻反思反省:反思自己的言谈是否合理? 举止是否合礼? 做事是否尽心? 与人交往是否尽责? 所得是否合乎道义? 只有做到"博学而日参省乎己",才能达到思虑通明,客观中正,守住善道,成为一个内外兼修的仁人君子。

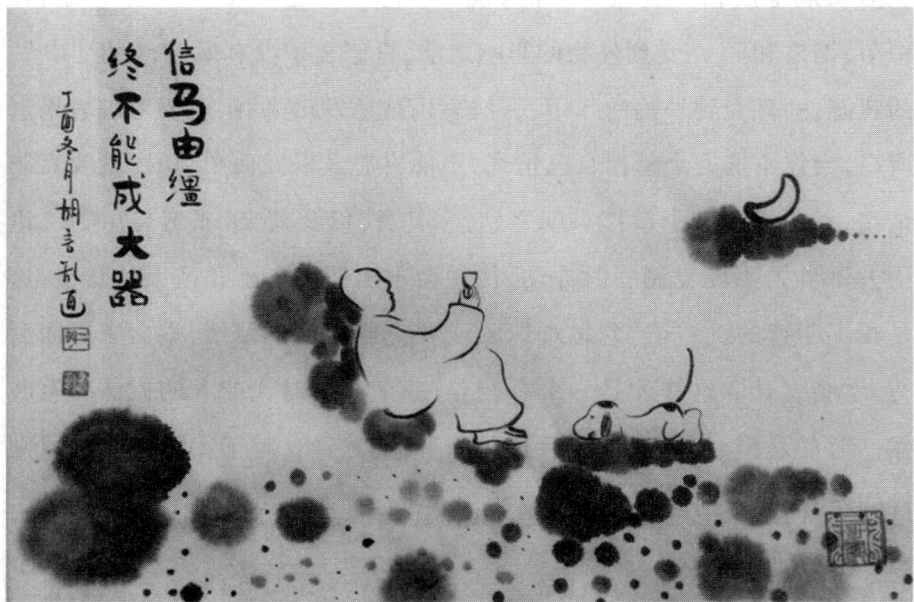

信马由缰 终不能成大器

丁酉冬月胡言乱道

三、君子之心,常存敬畏

"君子之心,常存敬畏"。敬畏之心是流经我们思想河流的源头活水,它深深地影响着中国人的道德养成。在中国传统社会中,作为敬畏的对象有很多,但最重要的有三类:天地、祖先和老师。这也是中国传统中最普遍的"天、地、君、亲、师"的信仰。进入近代以后,随着外敌的入侵,国人把国势的衰微迁怒于中华传统文化,敬天、法祖、尊师被当成封建的糟粕,人们的敬畏之心一路走低。如今,有些孩子不知道尊重自己的父母,有些学生不懂得尊重师长,有些病人不知道尊重医生。家庭关系、医患纠纷、师生关系等日趋异化,而且有愈演愈烈的趋势。敬畏缺失、无所畏惧已成为现代社会道德滑坡的一个重要原因。

心存敬畏,言必有所戒;心存敬畏,行必有所止。心存敬畏,方能唤醒心中的道德律。人品之贵在于敬畏,敬畏所到之处,冲刷着欲望的泥垢。人存敬畏,家庭和睦;官存敬畏,其政必兴,其业必成。

> 孔子曰:"君子有三畏:畏天命,畏大人,畏圣人之言。小人不知天命而不畏也,狎大人,侮圣人之言。"(《论语·季氏》)

"畏"有敬畏、重视、尊重之意。皇侃《论语义疏》曰:"心服曰畏。"所谓"心服",有心里折服、心悦诚服的意思。"天命"指天的命令。中国文化中的"天"的含义非常丰富,并不是单纯指今天我们认为的天空,或者是造物主,而是指天道的人,天也代表着民意。《韩诗外传》卷四中记载了齐桓公与管仲的一段对话:

> 齐桓公问于管仲曰:"王者何贵?"曰:"贵天。"桓公仰而视天。管仲曰:"所谓天,非苍苍之天也。王者以百姓为天。"

所以,古人认为,上天是根据民意来做事情的,百姓就是王者的天。《尚书》里记载了周人总结历史经验教训时说:"皇天无亲,惟德是辅。"

（《尚书·蔡仲之命》）周人提出了一个非常重要的观念，就是敬德，保德，也就是要努力、快速地提升自己的德行。修养自己的品格，是第一位的，决定了事业兴衰成败的关键不在外部的力量，而在于人自身的德行。所以，决定人命运的根本因素是自己的德行，只有以"德"为本，才是顺应本心、本性。朱熹说："天命者，天所赋之正理也。"（《论语集注·季氏》）天所赋予的就是本性，顺着本性去做就是领受了天所赋予的使命。人在天地面前是渺小的，所以，君子知其可畏，就会戒慎恐惧。孔子将"畏天命"视为划分"君子"、"小人"的界线。小人对天命不知无畏，行险侥幸，既不懂得如何与他人和睦相处，也不懂得如何与自然和谐相处。君子对天命是知之，畏之，顺之，乐之。

"畏天命"的前提是"知天命"。孔子将自己的一生概括为"吾十有五而志于学，三十而立，四十而不惑，五十而知天命，六十而耳顺，七十而从心所欲，不逾矩"。"知天命"并不是一件简单容易的事，它是对客观自然规律的一种认识。孔子说："加我数年，五十以学《易》，可以无大过矣。"（《论语·述而》）这说明孔子到了知天命的年龄（五十岁），还没有停止学习，认为如果自己能够更早地学《易》，就会及早认识"天命"，就会更接近"耳顺"和"从心所欲"的境界，避免犯大的过错。对天命的知与畏，体现的是人对客观规律的一种尊重态度。

钱穆说："天命在人事之外，非人事所能支配，而又不可知，故当心存敬畏。"（《论语新解》）"畏天命"是在"知天命"的前提下的一种人生态度。徐复观认为"中国文化的特色，是从天道、天命一步一步地向下落，落在具体的人的生命、行为之上"[1]，中国文化讲的是天人合一的体系，在这个体系中，孔子将天命这样一个虚无缥缈的事物回归到生命中，

---

[1] 黄克剑主编：《徐复观集》，群言出版社1993年版，第222页。

将人作为立足点，并把天命转换成存在于人内心的德性内核。孔子言："天生德于予，桓魋其如予何？"（《论语·述而》）表明的正是对天所赋予正理的一种体认和把握，以及对天命的敬畏和对天所赋予的使命的自觉担当。孔子的"畏天命"，是对自己内在的人格世界中无限的道德要求、责任而来的敬畏。这种敬畏是对自然规律的尊重与敬畏，人对天命，既要知之、畏之，又要安之、顺之。

明白了"畏天命""畏大人"、"畏圣人之言"就容易理解了。古代对于在高位的人叫"大人"，后来把有德的人也叫"大人"。在这里所指的"大人"，是《易经》所指的"夫大人者，与天地合其德，与日月合其明，与四时合其序，与鬼神合其吉凶。先天而天弗违，后天而奉天时"之人。"大人"是知天命者，也是畏天命者。"天命"蕴含着"周而复始"、"生生不息"的客观规律，君子要敬畏天命，先要敬畏知天命的"大人"，敬畏"大人之言"。大人之言也就是圣人之言。皇侃《论语义疏》中说："圣人之言，谓五经典籍，圣人遗文也。其理深远，故君子畏也。"圣人之言在经典之中，正如陈来所说："经典在古代是有定义的，唐代的刘知幾说，经典就是圣贤之言。一定是圣贤撰述之言，才能是经典。经典是价值观的载体，奠定主流价值观的是圣贤，他立的言才能是经典。"①朱熹说："大人圣言皆天命，所当畏。"经以载道，经典中的圣人之言，传达的是道，是天地的法则，是社会人生的规律，也是一个社会最本质、最深层的话题，即价值体系的问题。所以，圣人之言历久而弥新，不因时间的流逝而褪色。

人生不过百年，精神财富的积累必定会受到生命区间的限制，如果斩断了精神命脉，斩断了经学的传承，不敬畏圣贤之言，就等于切断了与

---

① 陈来：《媒体应面向社会大力推进国学经典教育》，http://www.ifzsd.com/guoxue/gx/2017/0510/5197.html

祖先的连接，成了无根之木，无源之水。单凭一己的直接经验度过一生，将是一种遗憾。君子畏天命、畏大人、畏圣人之言是"以一贯之"的一个整体。三者紧紧围绕对天命的觉知、体悟、传递与贯彻执行而展开。如王阳明所说："经，常道也。其在于天谓之命，其赋于人谓之性，其主于身谓之心。心也，性也，命也，一也。"（《王文成公全书·稽山书院尊经阁记》）"天命"是天所赋予的正理；"大人"是知天命、畏天命的人，也是天命的传递者、贯彻者，担负着先觉觉后觉、先知觉后知的责任；"圣人之言"在经典中，传达给后人的是天地间的道与理，是指引后人修身以道、修道以教的方法和途径。比如孟子说："尽其心者，知其性也。知其性，则知天矣。"（《孟子·尽心上》）王阳明龙场悟道领受天命后常自比孔子，一生传道，以正万世人心为己任，充分体现了君子、大人对天命，既知之、畏之，又安之、顺之的态度。

四、坦荡君子，移风易俗

"君子"是数千年优秀传统文化塑造和推崇的人格范式，为历代知识分子所追慕，塑造了一批又一批中国的脊梁，挺立着中国人的精气神。"君子"作为中华民族独特的精神标识，早已像基因一样深深植根于每个中华儿女的心中。只要是中国人，不论是居庙堂之高，还是处江湖之远，每个人心中都住着一位谦谦君子，即便是再功利的人也不愿意被人视为唯利是图的小人。君子是道德自律的典型，是社会的表率，是一个社会的中流砥柱。两千多年来，君子，如同一把标尺，度量着每一个中国人的修为。"君子成人之美"、"君子谋道不谋食"、"君子一言既出，驷马难追"、"君子协定"、"亲君子远小人"等等，这些与君子相关的格言，以一种习而不察、日用而不知的方式，潜移默化地影响着中国人的价值判断和行为方式,成为人们做人、做事尊奉的人生信条。君子也成为中华民族既尊贵又平实、既理想又现实的人格形象。

孔子对于君子人格的确立有决定性的影响,在他看来,君子是和小人对照而言的人格典范,具体来讲,君子至少包含如下几个方面的特质:"君子周而不比,小人比而不周"(《论语·为政》),君子与他人和衷共济而不结党营私,小人勾结他人而不能与大家和衷共济;"君子喻于义,小人喻于利"(《论语·里仁》),君子以道义为准则与追求,小人则以追逐功利为目标;"君子怀德,小人怀土"(《论语·里仁》),君子心心念念的是自身的道德修养,而小人则只会在自己那一亩三分地上打主意;"君子坦荡荡,小人常戚戚"(《论语·述而》),君子心胸宽广而气象开阔,小人心胸狭窄而气象逼仄;"君子求诸己,小人求诸人"(《论语·卫灵公》),君子只会自省自己的问题而不会强迫他人,小人则宽容自己而压迫他人;"君子欲讷于言而敏于行"(《论语·里仁》),君子言语木讷而行动迅捷、实打实地做事,小人则巧言令色而不付诸实践。正是在这诸多对比中,我们可以感受到君子人格的可贵与可爱。

而君子人格的养成绝非一朝一夕的功夫,而是"如切如磋,如琢如磨"、不断磨砺的过程。成为有德的君子,是人人经过努力都可以达到的。同时也要借鉴古人的智慧,充分发挥各行各业有德君子的引领示范作用。《礼记·学记》云:"君子如欲化民成俗,其必由学乎。"在传统社会,化民成俗有很多渠道和方式,其中最重要的就是需要有一批各行各业的有德精英率先垂范。近年来,牟钟鉴、陈来一直倡导新君子论,希望通过重塑君子文化,激活人们身上沉睡已久的传统美德,唤醒人们心中的君子、大人。君子作为社会的良知和中流砥柱,承载着提升道德、涵养人格、改善世道人心的使命担当,让越来越多的人见贤思齐,不断走近君子境界,让新时代的新君子成为传承和实践中华优秀传统文化的文脉火种,这是目前传承中华传统文化最需要做的事情之一。

第三节　慕圣贤:人生崇高的理想

圣人是德性与智慧的最高代表,是知行完备、才德全尽的理想人格的化身,是中国古代儒者的修身目标与理想追求,其楷模是尧、舜、禹、汤、文、武、周公、孔子等圣人。这些圣人用他们的一生,演绎出了一个个光辉的形象,在中华文化发展史上立下了一座座不朽的丰碑,其高尚的品德、深邃的智慧至今仍深深地影响着一代代中华儿女,塑造着中华文化的根与魂。在文化多元化、世界全球化的今天,弘扬圣贤文化,树立崇高的道德理想,可以铸就中华文明厚重的生命底色,提升华夏儿女的生命品质和精神境界。

一、良知即圣

成圣是中国传统儒者的终极关怀。许慎在《说文解字》中对"圣"的解释是"圣，通也。从耳，呈声"。圣是通过耳闻的具体事物而知晓根本的。故圣人能透过现象看本质，知其然又知其所以然。先秦诸子"蜂出并作，各引一端"（《汉书·艺文志》），异说纷呈，其共同的特点是把"圣人"当成道德、智慧的化身，完美人格的体现。在一般人心目中，圣人是见微知著、无所不知的人。

人能立志、好学、自省、笃行，则已经具备了修身的基本条件。修身的第一目标，就是"成己"，即向内正心修身的过程。修身的第二个目标是"成物"，即在塑造自己成为理想人格之人的过程中，能与他人共生共存，也就是说，在与他人的互动中去修身成德。修身成德离不开家国天下，尤其是基本的家庭关系与社会关系。成己是成物的前提和基础，圣人就是古代儒家所向往的具备理想人格之人。

（一）个个心中有仲尼

千百年来，尧、舜、孔子等圣人多被置于高高的圣坛之上，成为常人可望而不可即的理想人物。王阳明在《咏良知》的诗句中说："个个人心有仲尼，自将闻见苦遮迷。而今指与真头面，只是良知更莫疑。"他继承与发扬了孟子提出的"人皆可以为尧舜"的观点。王阳明把良知、天理看成每个人内在成圣人的根据，提出"人人心中有仲尼"，认为每个人就其本心而言都是圣人，只不过常人的心被遮蔽而已，因此，圣贤与常人的不同之处即是对心的把握。圣贤能时刻省察自己的心，按照仁与礼的标准要求自己，遇到问题从自身找原因，按此推之，常人只要努力致良知，就有成为圣人的可能。但由于先天禀赋的差别，亦会出现不同。王阳明与弟子希渊的对话，很清晰地说明了这一道理：

希渊问:"圣人可学而至。然伯夷、伊尹于孔子,才力终不同。其同谓之圣者安在?"先生曰:"圣人之所以为圣,只是其心纯乎天理,而无人欲之杂。犹精金之所以为精,但以其成色足而无铜铅之杂也。人到纯乎天理方是圣,金到足色方是精。然圣人之才力,亦是大小不同。(《传习录》)

王阳明认为,尽管人人心中都住着一个圣人,包藏着一颗本心,都有成圣的潜能,但先天禀赋的差异,直接导致了才力的不同,故而,在不断地剔除心中人欲之杂的成圣过程中,其提纯的精度便会出现差距,尧舜的精度最高,孔子次之,禹、汤、武再次之,然后是伯夷等。但这些差异,并不妨碍他们成为圣人。

对于常人来说,无论他的学识如何,职业如何,只要他念念存天理,不断剔除心之私欲,就会一步步走近圣人。另外,无论是生而知之者,学而知之者,还是困而知之者,尽管存在着气质不同,清浊不一,但在正心修身的道路上,只要不断地致良知,到达终点,就会取得相同的成就。正如《礼记·中庸》所言:

或生而知之,或学而知之,或困而知之,及其知之,一也。或安而行之,或利而行之,或勉强而行之。及其成功,一也。

后人并不懂得,成圣的根本在于从"天理"上下功夫,而不是一味地强调向外界获取知识,这是南辕北辙,反而不利于人明道,昭见本心。唤醒人们内在的天理、良知,那个内在的圣人、君子,是王阳明教人通往圣贤路径的主要方法。王阳明晚年提出:"心之良知是谓圣。圣人之学,惟是致此良知而已。自然而致之者,圣人也;勉然而致之者,贤人也;自蔽自昧而不肯致之者,愚不肖者也。愚不肖者,虽其蔽昧之极,良知又未尝不存也。苟能致之,即与圣人无异矣。"(《王文成公全书·书魏师孟卷》)

（二）圣人是人伦之至

孟子云:"规矩,方员之至也;圣人,人伦之至也。"(《孟子·离娄上》)在孟子看来,方与圆有规和矩作为标准,学做人则需要以圣人为标准。即便是如孔子这样的"集大成"的圣人,也是靠后天不断地勤奋好学来增长自己的智慧与才干的。圣人就是在人伦关系中不断"修己安人",完善自己的品德,成就人格的。

孟子心中的圣人有很多位,并且他把"圣人"从外在的事功拉回到了内在的道德心性方面,凸显的是圣人的人伦道德倾向。如《孟子·尽心下》中,他所列举的"圣人"大多是"内圣外王"的君主,如尧、舜、禹;也有许多未曾为王的"圣人",如伯夷、伊尹、柳下惠、周公、孔子等。这些圣人既是道德完全者,又是各具特点的人:"伯夷,圣之清者也;伊尹,圣之任者也;柳下惠,圣之和者也;孔子,圣之时者也。孔子之谓集大成。"(《孟子·万章下》)孟子认为伯夷是圣人中高洁至清的典范,伊尹是圣人中特别富有才干而又能担当大任的典范,柳下惠是圣人中喜、怒、哀、乐皆能中节的典范,孔子则是应时而生、集先圣之大成而开创新时代的典范。

冯友兰说:"学问的成就需要才,事功的成就需要幸运的遭遇,道德成就只要努力。"(《境界·论命运》)圣人是道德的楷模,他做的事情与常人无异,是人效仿的榜样。"尧舜之道,孝弟(悌)而已矣"(《孟子·告子下》),诸如孝顺父母、友爱兄弟这样的事情,只要止于自己的角色与本分,尽心尽责依此去做就有成就圣贤、君子的可能。比如:舜是被公认的圣人,他生在寻常人家,舜的父亲瞽叟顽固不化,后母凶悍暴虐,弟弟象又桀骜不驯,但他最终以孝悌之心感化、影响了他们,并最终感动了尧,尧将天下交付给他。舜成圣的过程就是一个很好的例证。千百年来,圣人已成为志在圣贤的人效仿、学习、努力的目标和方向。

（三）圣人是万众师表

中华传统文化中的圣人是人,不是神,是"出乎其类,拔乎其萃"的人杰,是能与天地合一贯通的人,是具有配天之德的先知先觉者,承担着"先觉觉后觉,先知觉后知"(《孟子·万章上》)的使命,自觉承担起传道、授业、解惑的责任。《论语·八佾》中有这样一段话:

> 仪封人请见,曰:"君子之至于斯也,吾未尝不得见也。"从者见之。出曰:"二三子何患于丧乎? 天下之无道也久矣,天将以夫子为木铎。

木铎,金口木舌,实施政教时以警众人之用。孔子所处的时代,礼崩乐坏,天下无道,夫子不舍昼夜,周游四方以行其教化,就如同木铎对天下人的警醒作用一样。先觉觉后觉,这是孔子的天命,也是一代代体悟到天道的人义不容辞的使命和担当。孔子木铎金声,两千多年来为一代代的学人点燃心灯,照亮前进的方向。

二、胸怀天下

孔子说:"古之学者为己,今之学者为人。"(《论语·宪问》)人之为学的目的就是通过内在的心性修养和外在的道德实践来完善自我的品德,成就理想的人格,达到天人合一的境界。人心原本与天地万物为一体,但由于受后天私欲之蔽,产生了有我之私和物欲之蔽,把自我与他人和万物分隔开来。因此,圣人教人就是让其恢复心之澄明,实现万物一体的至仁之境。而这种至仁境界产生的行为,就是胸怀天下的"先天下之忧而忧,后天下之乐而乐"。

"先天下之忧而忧,后天下之乐而乐",体现了范仲淹忧国忧民、关心国家的思想,同时也寄托着以天下为己任的政治抱负。作为宋学的开端和有宋一代的"完人",这句话正是范仲淹一生的写照:他在担任地方官的时候,认真负责,造福一方百姓,范公堤等是他关爱民众的体现;他抛下家室镇守陕西,屡次击退西夏、契丹的入侵,保卫了国家的安全;他肩负起国家改革的重任,以无比的勇气和魄力开展了"庆历新政",失败后仍然壮心不已;他关心后学、奖励教育,将自家的田产用来兴办学校,为宋代造就了一批人才。因此,范仲淹死后谥号"文正",这是对文臣的最高赞誉;而他更被历代学者名士赞许为宋代唯一的"完人"。他之所以能有如此的身后荣耀,就在于他始终胸怀天下,关爱万民。

王阳明对于这种情怀有深刻的论说:"仁者以天地万物为一体,莫非己也。……君子之学,为己之学也。为己故必克己,克己则无己。"(《王文成公全书·书王嘉秀请益卷》)要达到天地万物一体之仁,成就大人、君子,离不开"为己","为己"先要克己、无己;"克己"首先要向内寻求,克除一己之私和有我之欲,正因为私己之心让我与世界对立隔离,导致了我与他人和万物的疏离,"须是克去己私,真能以天地万物为一体"(《王文成公全书·与黄宗贤》),所以,只有克去己心之私欲,才能回归天地万物一体之仁的境地。王阳明说:"夫为大人之学者,亦惟去其私欲之蔽,以自明其明德,复其天地万物一体之本然而已耳。"(《王文成公全书·大学问》)。《传习录》中记载了萧惠与阳明先生的一段对话：

> 萧惠好仙、释。
>
> 先生警之曰："吾亦自幼笃志二氏，自谓既有所得，谓儒者为不足学。其后居夷三载，见得圣人之学若是其简易广大，始自叹悔错用了三十年气力。大抵二氏之学，其妙与圣人只有毫厘之间。汝今所学，乃其土苴，辄自信自好若此，真鸱鸮窃腐鼠耳。"
>
> 惠请问二氏之妙。先生曰："向汝说圣人之学简易广大，汝却不问我悟的，只问我悔的。"
>
> 惠惭谢，请问圣人之学。先生曰："汝今只是了人事问，待汝办个真要求为圣人的心，来与汝说。"
>
> 惠再三请。
>
> 先生曰："已与汝一句道尽，汝尚自不会！"

　　萧惠作为王阳明的学生，非常热衷于佛、老之学，他向王阳明请教佛学的精妙处。王阳明说："我跟你说圣人之学简易广大，你不肯问我所感悟到的，却只问我所后悔的。"萧惠惭愧地认错，向老师请教圣人之学。王阳明告诉他，学习圣人之学先要有一个为圣人的心，我再和你讲也为时不晚。

　　在王阳明看来，要想修圣人之道，最关键的就是要先立一个成圣人的心。从心入圣人之境，是自《尚书》中记载的十六字心传传下的心法。"圣人之学，心学也，尧、舜、禹之相授受，曰：人心惟危，道心惟微，惟精惟一，允执厥中。此心学之源也。中也者，道心之谓也，道心精一之谓仁，所谓中也。孔孟之学，惟务求仁，盖精一之传也。"（《王文成公全书·象山文集序》)所以,学习圣人之学,先要立一个成圣人的心,克制私心,擦拭蒙蔽,复其昭明灵觉,将私我之心慢慢放大,将阻碍之心变为通达,最后达到光明无碍之本体。

不要怀疑自己的能力,
要怀疑自己的毅力。

戊戌正月胡言乱语

三、心系苍生

老子说:"圣人无常心,以百姓心为心。"(《道德经》四十九章)中国人把"圣人"这个称呼给了心底百分之百纯净的、没有一点私心杂念、全心全意为人民服务的人。圣人因为没有一己私心,早已与天地万物融为一体,故圣人"其视天下之人,无外内远近。凡有血气,皆其昆弟赤子之亲,莫不欲安全而教养之,以遂其万物一体之念"(《传习录》)。圣人以天下为一家人,视天下人如自己的兄弟姐妹,没有内外远近的分别。因为有着与天地万物一体之仁心，圣人对那些身心被私欲遮蔽的人的痛苦与烦忧感同身受，同体大悲，一心要救民于水火之中。

自古以来，圣人推行天下万物一体的仁心来化育天下，引领人们克除私心，剔除蒙蔽，恢复澄明的天理良知，以使"父子有亲，君臣有义，夫妇有别，长幼有叙，朋友有信"（《孟子·滕文公上》)，过上一种理想的大同生活。而《礼记·中庸》中的一段话更将圣人的理想作用予以清晰的描述："唯天下至诚为能尽其性。能尽其性，则能尽人之性。能尽人之性，则能尽物之性。能尽物之性，则可以赞天地之化育。可以赞天地之化育，则可以与天地参矣。"只有达到了至诚的人（也就是圣人），才能充分发挥自己天赋的本性。而只要充分发挥天赋的本性，就能发挥人全部的天性。能发挥人全部的天性，就能充分发挥万物的天性。能发挥万物的天性，就可以参赞天地的生化万物。能帮助天地生化万物，就可以与天地并列为三了。《礼记·中庸》认为天道性命相贯通于一个"诚"字，所以一个人能真正做到真诚、诚实无欺，那么他就将天赋与自己的本性完全发挥和实践了出来。这样，这个人就不仅仅是一个局限于肉体中的人了，他因"诚"的贯通宇宙万物而超越了有限，进于永无停息的无限，也就是圣人了。这就是《礼记·中庸》所说的"至诚无息"。而因为无息，所以至诚的人就能"久"、"征"、"悠远"、"博厚"、"高明"，就是说圣人是长久而有效验，深远而广博且高大的。而在《礼记·中庸》看来，天地之道也不过是这个"诚"字，就是说天地创生万物是纯粹不杂、不可测度的，因此万物也都因着这个"诚"字而成立、发生、运行。所以说天地也是"悠远"、"博厚"、"高明"的。这样人通过"诚"使自己达到圣人的境界后，就可以与天地并列、鼎足而三了。可见，圣人这个人格修养的最终境界是实现天人合一。人虽然在形体上是有限的，但是在精神上和境界上已经与无限融合在一起了。这里面有一种万物生命的相通性和人自身生命的伟大感，而最能体现它的是圣人。而圣人将自己的这种精神境界贯注到生活实践中去，就是要实现理想的社会。

《礼记·礼运》中对于人们理想社会的生活状态是这样描述的：

> 大道之行也，天下为公，选贤与能，讲信修睦。故人不独亲其亲，不独子其子，使老有所终，壮有所用，幼有所长，矜寡孤独废疾者，皆有所养。男有分，女有归。货恶其弃于地也，不必藏于己；力恶其不出于身也，不必为己。是故谋闭而不兴，盗窃乱贼而不作，故外户而不闭。是谓大同。

孔子描述的"大同之世"是圣人尧舜生活的时代，是天下为天下人所公有。大家举荐德高望重之人来治理国家，人与人之间互信互利，和睦共处。人们不仅孝敬自己的双亲，慈爱自己的儿女，更能推己及人，"老吾老以及人之老，幼吾幼以及人之幼"（《孟子·梁惠王上》)，老人能颐养天年，青壮年各有用武之地，幼年人能在父母的呵护下健康成长，鳏寡孤独都能得到赡养与照顾。男人各有职业，女人出嫁各有归属。物尽其才，人尽其用，狡诈、心机的人无用武之地，奸淫盗窃的事不会发生，家家夜不闭户，路不拾遗，到处是一片和谐幸福的美好景象。这就是大同社会。

大同社会，不仅仅是孔子的梦想，也是世世代代中国人的梦想，国家的梦想，民族的梦想，是每一个中国人心中的中国梦。古往今来，中华民族从来没有像今天这样，如此接近中华民族伟大复兴的中国梦这一伟大目标，也从来没有像今天这样有信心、有目标、有方法、有能力实现这个梦想。在中华民族伟大复兴的准备阶段，如果人们都能在圣贤之光的照耀下,觉醒起来,觉知自己,加入到这个宏伟的事业中来,就会让各自的生命焕发出更多的光彩。

所谓"取法乎上,仅得其中;取法乎中,仅得其下"(《帝范》卷四),故虽希望成为一个仁人君子,亦应该立志为圣贤。因为人格之高下与人品之大小,莫不由自求也。设定一个完满的、至高境界的目标,有助于提升自我的境界,修养道德品质。学习圣人之学,须要立一个大人之心,慢慢地尝试着一点点打开自己的心量,试着装下更多的人,在事上担当,愿意对事情负责,将志向变成决心,将决心化成信心,用恒定成就信心,念念存天理、致良知,彰显内在那个光明的本性。不知不觉间,已进入圣贤之域;一言一行间,已变化气质;进退容止中,已淡定从容,就会发现,生命正悄然地绽放,焕然一新,这正是正心的魅力所在。学做圣人,虽起始于人禽之辨,确是人格养成的第一站。由此开始,成君子,温文尔雅,循礼而行;慕圣贤,胸怀天下,心系苍生。虽不能至,心向往之。

本书参考文献

［1］（汉）司马迁：《史记》，中华书局，1959年。

［2］（汉）董仲舒：《春秋繁露》，中华书局，2011年。

［3］（汉）许慎：《说文解字》，中华书局，2013年。

［4］（唐）唐太宗：《帝范》，中华书局，1985年。

［5］（宋）张载：《张载集》，中华书局，1978年。

［6］（宋）程颢、程颐：《二程集》，中华书局，1981年。

［7］（宋）陆九渊：《陆九渊集》，中华书局，2012年。

［8］（宋）朱熹：《四书章句集注》，中华书局，1983年。

［9］（宋）黎靖德：《朱子语类》，中华书局，1986年。

［10］（清）阮元校刻：《十三经注疏》，中华书局，2009年。

［11］林家骊译注：《诗经》，中华书局，2016年。

［12］（明）王阳明：《传习录》，中国画报出版社，2012年。

［13］（宋）杨时：《龟山文集》，四库全书本。

［14］（明）王守仁著，晓昕、赵平略校注：《王文成公全书》，中华书局，2015年。

［15］冯友兰：《中国哲学史》，中华书局，1984年。

［16］冯友兰：《新原人》，《三松堂全集》第四册，河南人民出版社，

1986年。

[17]冯友兰:《中国哲学史新编》第四册,人民出版社,1986年。

[18]冯友兰:《中国哲学史新编》第五册,人民出版社,1988年。

[19]陈荣捷:《王阳明与禅》,台湾学生书局,1984年。

[20]陈荣捷:《王阳明传习录详注集评》,台湾学生书局,1983年。

[21]陈荣捷:《朱学论集》,台湾学生书局,1982年。

[22]陈荣捷:《朱子新探究》,台湾学生书局,1988年。

[23]张岱年:《中国哲学大纲》,中国社会科学出版社,1982年。

[24]钱穆:《阳明学述要》,九州出版社,2010年。

[25]钱穆:《四书释义》,九州出版社,2010年。

[26]钱穆:《人生十论》,九州出版社,2012年。

[27]钱穆:《中国文化精神》,九州出版社,2012年。

[28]陈来:《有无之境》,北京大学出版社,2013年。

[29]陈来:《朱子哲学研究》,生活·读书·新知三联书店,2010年。

[30]楼宇烈:《中国的品格》,四川人民出版社,2015年。

[31]楼宇烈:《中国文化的根本精神》,中华书局,2016年。

[32]姜广辉:《经学思想史》,中国社会科学出版社,2003年。

[33]姜广辉:《易经讲演录》,中华书局,2013年。

[34]姜广辉:《麓山雅集》,辽宁教育出版社,2012年。

[35]陈鼓应:《老子今注今译》,商务印书馆,2003年。

[36]陈鼓应:《庄子今注今译》,中华书局,1983年。

[37]李学勤主编:《论语注疏》,北京大学出版社,1999年。

[38]杨伯峻:《孟子译注》,中华书局,2010年。

[39]杨伯峻:《论语译注》,中华书局,1980年。

[40]杨朝明:《论语诠解》,山东友谊出版社,2013年。

[41]杨朝明、宋立林:《孔子家语通解》,齐鲁书社,2013年。

[42]梁涛:《郭店竹简与思孟学派》,中国社会科学出版社,2008年。

[43](清)刘宝楠:《论语正义》,中华书局,1990年。

[44]徐洪兴:《孟子直解》,复旦大学出版社,2004年。

[45]蒙培元:《蒙培元讲孟子》,北京大学出版社,2006年。

[46]傅佩荣:《傅佩荣解读孟子》,线装书局,2006年。

[47](南朝宋)刘义庆:《世说新语》,岳麓书社,2015年。

[48]徐复观:《徐复观全集》,九州出版社,2014年。

[49]彭林:《中国古代礼仪文明》,中华书局,2004年。

[50]彭林:《仪礼》,中州古籍出版社,2011年。

[51]彭林:《中国礼仪要义》,南京大学出版社,2014年。

[52]牟钟鉴:《中国文化的当下精神》,中华书局,2016年。

[53]宁镇疆:《〈孔子家语〉新证》,中西书局,2017年。

[54]黄克剑:《论语疏解》,中国人民大学出版社,2010年。

[55]杜维明:《人性与自我修养》,生活·读书·新知三联书店,1988年。

[56]黄克剑主编:《徐复观集》,群言出版社,1993年。

[57]曾振宇:《儒家故事》,泰山出版社,2012年。

[58]王文锦:《礼记译解》,中华书局,2016年。

[59]许嘉璐:《中华文化的前途和使命》,中华书局,2017年。

[60]王卡点校:《老子道德经河上公章句》,中华书局,1993年。

[61]温海明:《实意伦理学》,中国人民大学出版社,2014年。

[62](清)王夫之著,《船山全集》编辑委员会编校:《礼记章句》,岳麓书社,1988年。

［63］郭齐勇、刘依平、肖雄:《道不远人:郭齐勇说儒》,孔学堂书局,2014年。

［64］陈杰思:《中华十大义理》,中华书局,2008年。

［65］胡平生、陈美兰:《礼记 孝经》,中华书局,2016年。

［66］龚鹏程:《儒门修证法要》,东方出版社,2015年。

［67］陈立夫:《四书道贯》,中国友谊出版公司,2015年。

［68］马建兴:《丧服制度与传统法律文化》,知识产权出版社,2005年。

［69］费孝通:《费孝通九十新语》,重庆出版社,2005年。

后　记

　　本书最初的写作思路诞生于课下与学生们的交流,大家都感觉到,近年来越来越突出的一个现象是,很多优秀的年轻人,虽然生活条件优越,个人在成长过程中也没有遭遇过重大的挫折,但却时常感觉内心空虚,不知道自己的人生目标何在,找不到前进的动力以及生命的意义。我们姑且把这种现象称为"空心病",用"价值观缺陷所致心理障碍"来定义这种在青少年群体中普遍存在的现象,似乎更合适些。诚然,现在的物质生活越来越丰富,人们的生活也越来越便利,现代化的通讯设施,方便快捷的交通工具,快递、外卖几乎一个念头、动动手指就能来到眼前。这么优越的物质条件,为什么很多孩子的心理精神世界却越来越贫乏与苍白? 出于一个老师的天职,我一直探寻着这个连心理医生都难以解决的问题背后的根源。

　　正如姜广辉先生诗中所言:"面壁是为破壁,慧心端赖潜心。"(《麓山雅集》)经过多年在中华传统文化领域的摸索与探求,我终于在中华民族的圣人先哲那里找到这一问题的解药。正如朱熹所说:"问渠那得清如许? 为有源头活水来。"每个民族都有本民族的圣人,圣人就如同这个民族的心理医生,在圣贤的经典中,有解决人生各种困惑的解药。一个偶然的机会,与元立兄谈到这个问题,我们一拍即合,开始了《传统文化与人格养成——正心的学问》书稿的编写工作。最初的想法是用《礼记·大学》中"格物、致知、诚意、正心、修身、齐家、治国、平天下"的八条目来阐释人格如何养成。随着课题的立项，省委宣传部的相关领导就中华优秀传统文化如何进行创造性转化、现代化诠释的问题提出了一些具体的意见和建议，于是本书对原有的体例做了重大调整，以期既能接续、阐释几千年来中华传统文化中的精髓——正心修身的传统，又能找准定位，架起与广大读者之间的桥梁。在这个过程中，恩师杨朝明先生充满洞见的学术思想对我启发良多。姜广辉先生多年来谆谆教导，激励后学要将"生命化为意义，将意义化为生命"，他那句"弘道比传道更重要，要深入浅出地做好中华传统文化这篇大文章"，一直萦绕在耳旁。傅永聚先生对我的研究给予了很大的帮助和支持，每次与先生交流都获益良多，得到的点滴启发都被我收入到研究中，融入到学术的生命里。

感谢省委宣传部项目："家国情怀：传统文化与人格养成普及读本"（批准号：15AZBJ05）的大力支持。感谢宋立林教授、周海生教授对本书纲目提出的宝贵建议。感谢岳麓书院姜广辉先生、中央党校任俊华教授、山东社科院涂可国教授、山东大学曾振宇教授、山东师范大学王钧林教授、华东师范大学贾利军教授在写作之初对本书提出的中肯建议。感谢姜广辉、傅永聚、王钧林、杨树增、葛玉莹等多位教授对本书初稿提出的宝贵修改意见。感谢济南大学蔡先金、李光红、葛金田、周勇、冯素玲、柳兴国、戴亮等教授多年来对我的研究工作给予的大力支持。感谢中国人民大学温海明教授的修改建议。还有曲阜师大的任松峰、王德成、宋军风、马建红、许宁宁等多位老师对本书的写作都给予过不同程度的帮助，在此一并感谢。游碧娜女士、张兴、解冬冬、徐以茹、梁昭君、丛鹏珊、宋贾良等对相关研究工作提供的不同程度的帮助，在此深表谢意。最后,感谢陈鼓应先生在百忙之中三易其稿为拙作作序,从陈老师身上学到的,不只是一丝不苟的治学态度、为学之方,还有他"温良恭俭让"的做事方式。

《正心——传统文化与人格养成》一书的问世离不开课题组成员的共同努力,两年来大家沉浸于经典的研究、写作之中,涵泳其中,内心的体验难以与人说,既充满着精神的享受与快乐,也有苦恼与纠结。感谢课题组成员王汉苗、李文文、王德成、宋立林、宋军风、马建红、许宁宁、张兴、解冬冬、徐以茹的共同努力。由于才疏学浅,境界所限,书中疏漏不当之处,还请方家指正,也请广大读者不吝赐教。

赵　薇

2018年3月于泉城